Champignons toxiques

Texte de Jiří Baier
Illustrations de Bohumil Vančura

Adaptation française de Marie-Jo Dubourg
Révision générale de Pascal Hériveau

Gründ

GARANTIE DE L'ÉDITEUR
Pour vous parvenir à son plus juste prix, cet ouvrage a fait l'objet d'un gros tirage. Malgré tous les soins apportés à sa fabrication, il est malheureusement possible qu'il comporte un défaut d'impression ou de façonnage. Dans ce cas, ce livre vous sera échangé sans frais.
Veuillez à cet effet le rapporter au libraire qui vous l'a vendu ou nous écrire à l'adresse ci-dessous en nous précisant la nature du défaut constaté. Dans l'un ou l'autre cas, il sera immédiatement fait droit à votre réclamation.
Librairie Gründ – 60, rue Mazarine – 75006 Paris

Adaptation française de Marie-Jo Dubourg
Texte original de Jiří Baier
Révision générale de Pascal Hériveau
Illustrations de Bohumil Vančura
Arrangement graphique par Josef Dvořák
Première édition française 1992 par Librairie Gründ, Paris

Édition originale 1992 par Aventinum, Prague

ISBN : 2-7000-1555-X
Dépôt légal: août 1992
Imprimé en Tchécoslovaquie par Neografia, Martin
3/21/03/53-01

Sommaire

Introduction

L'intérêt de l'homme pour les champignons remonte très loin dans le passé de l'humanité. Les hommes préhistoriques vivaient de la chasse mais tiraient aussi leur nourriture des divers produits de la forêt, fruits, racines et autres parties de plantes. Naturellement, les remarquables carpophores charnus des champignons ne passaient pas inaperçus, surtout quand ils poussaient en abondance. L'homme s'est donc efforcé de différencier les champignons comestibles et délicats des espèces à saveur désagréable ou vénéneuses dont il ne pouvait, au début, expliquer l'effet fatal sur l'organisme.

Peu de documents témoignant de l'intérêt des hommes pour les champignons ont été conservés jusqu'à nos jours. Ils sont d'ailleurs dispersés sur différents continents. Parmi les vestiges les plus anciens, on compte, par exemple, des peintures pariétales de l'âge de pierre. Les peintures des cavernes de la presqu'île des Tchouktches représentent des silhouettes humaines ayant au-dessus de la tête des carpophores schématiquement dessinés. Les conjectures divergent quant à l'espèce à laquelle appartiennent ces champignons. De nombreux spécialistes pensent qu'il s'agit de champignons à tubes, d'autres relient ces dessins à l'utilisation rituelle de l'Amanite tue-mouches dans la région du détroit de Béring.

Des sources de l'Inde ancienne mentionnent la drogue divine «Soma». R. G. Wasson, ethnomycologue de renommée mondiale, s'efforce d'éclaircir la question. D'après lui, le soma est tiré de l'Amanite tue-mouches que nous connaissons. Avec ses carpophores, les prêtres préparaient pour les cérémonies religieuses des boissons capiteuses aux effets hallucinogènes. Cette explication se trouve confortée par des observations effectuées chez quelques groupes ethniques du Kamtchatka qui, de nos jours encore, utilisent l'Amanite tue-mouches pour ses effets enivrants proches de ceux de l'alcool.

Le mycologue français R. Heim a obtenu d'autres informations sur l'utilisation rituelle des champignons dans la région de l'actuel Mexique. Là-bas, les membres de vieilles tribus indiennes recourent, aujourd'hui encore, au «teonanacatl» ou «chair de Dieu», c'est-à-dire à la consommation de champignons à des fins d'enivrement. Les chamanes utilisaient, par exemple, l'effet hallucinogène des Psilocybes pour prédire l'avenir.

On trouve les premières mentions écrites de champignons dans l'œuvre de Théophraste (372–287 avant J.-C.), disciple d'Aristote, où les champignons sont cités sous les termes *mykes* et *hydnom*. Pline l'Ancien (23–79 après J.-C.) mentionne lui aussi des champignons qu'il appelle *fungus, suillus* et *boletus*. Mais les savants de l'Antiquité ne s'occupèrent pas seulement des rapports entre les champignons et l'homme, ils essayèrent aussi d'élucider les relations complexes existant entre les champignons et le règne végétal. Théophraste observa sans doute le phénomène de mycorhize entre des arbres et quelques champignons, phénomène que décrivit B. Frank dans la seconde moitié du XIXe siècle. Pline l'Ancien avait déjà constaté que la plupart des champignons poussaient dans des chênaies.

Les témoignages de l'utilisation culinaire des champignons sont très rares. On sait que l'empereur romain Claude était un grand mycophage. Le poète romain Martial (40–104 après J.-C.), connu pour ses épigrammes satiriques, écrivait: «Il est facile de se passer d'or, d'argent et même de manteau, mais bien plus difficile de se priver d'un plat de champignons.» Le dramaturge grec Euripide (480–406 avant J.-C.) perdit le même jour sa femme, sa fille et deux fils à la suite d'un empoisonnement par des champignons. Le pape Clément VII, l'empereur romain Jovien, Charles VI et d'autres souverains connurent une destinée analogue. Au Moyen Âge, l'empoisonnement était méthode courante pour éliminer ou évincer les gêneurs au plan politique. Les champignons toxiques jouèrent là un rôle significatif, car non seulement ce type d'empoisonnement promettait de rester impuni, mais on ne pouvait même pas prouver l'intention pernicieuse de son auteur.

Dans les pays d'Extrême-Orient, en Chine, au Japon, en Birmanie, on cultive divers champignons comestibles depuis des millénaires. En Europe, le plus ancien conseil relatif à la culture de champignons nous vient de Pline l'Ancien: «L'écorce de peuplier blanc répandue dans des sillons fumés, assure toute l'année la récolte de champignons comestibles.» C'est sans doute ainsi que fut artificiellement produite, dans l'Empire romain, la Pholiote du peuplier dont la culture connaît un renouveau de nos jours.

Les bases de la mycologie moderne furent fondées par le botaniste Christian Hendrik Persoon (1755–1837) dans son traité *Synopsis methodica fungorum.* Son successeur, le botaniste suédois Elias Magnus Fries (1794–1878) fonda, avec son ouvrage en plusieurs volumes *Systema mycologicum,* les bases de la nomenclature scientifique des champignons. Depuis cette époque, des centaines d'études mycologiques furent écrites. Le niveau des connaissances augmente constamment et de nouvelles disciplines biotechnologiques utilisant des champignons sont nées. On a ainsi observé que les champignons, grâce à leur teneur en substances azotées insolubles, facilitent le péristaltisme intestinal, mais peuvent en outre, en tant que tissu, absorber une série de produits nocifs du métabolisme. On a également découvert qu'ils contiennent des substances antiallergiques efficaces contre divers eczémas, asthmes bronchiques ou exanthèmes allergiques. Certaines espèces ont aussi une action anti-tumorale ; elle a été prouvée, par exemple, chez la Collybie à pied velouté, le Polypore du bouleau, la Pleurote en forme d'huître, l'Armillaire couleur de miel, l'Agaric champêtre, la Vesse-de-loup géante et enfin même le très commun Cèpe de Bordeaux. Mais de nombreuses questions, toujours sans réponse, nécessiteront sans doute de nouvelles techniques de laboratoire, plus élaborées que les actuelles, pour être résolues.

La toxicité des champignons

Pourquoi les hommes s'empoisonnent-ils avec des champignons? Cela se produit-il aussi chez les animaux? Les animaux possèdent-ils un organe des sens encore inconnu, leur permettant de reconnaître infailliblement les champignons vénéneux, ou sont-ils immunisés contre les champignons toxiques? Quels sont les champignons vénéneux et pourquoi existent-ils dans la nature?

Les mycologues se voient poser des centaines de questions concernant les champignons toxiques, mais ils ne peuvent pas toujours y répondre nettement. Cependant, nos connaissances progressent constamment, les méthodes d'analyse chimique se perfectionnent, la connaissance du métabolisme humain et animal augmente, des énigmes jadis insolubles commencent à s'éclaircir et peu à peu le voile qui enveloppait quelques événements se lève.

Que se passe-t-il par exemple chez les animaux? En fait, les champignons vénéneux sont inoffensifs pour de nombreuses créatures. J'ai pu moi-même le constater pendant une exposition mycologique. Nous avions enfermé deux escargots derrière une vitre pour montrer aux écoliers un animal nuisible aux champignons. Quelqu'un eut l'idée de nourrir les escargots avec des espèces toxiques et leur apporta tous les jours de magnifiques Amanites phalloïdes que les gastéropodes trouvèrent excellentes. Pendant cette expérience de 14 jours, les escargots doublèrent leur poids. Or, la quantité de champignons qu'ils consommèrent aurait suffi à faire périr plusieurs familles nombreuses. Mais les escargots prospérèrent et furent sans doute ravis de recevoir d'autres cadeaux empoisonnés. Nous pûmes ainsi, au cours de cette exposition, montrer que la toxicité des champignons pour les organismes vivants est relative, qu'elle dépend du métabolisme de la créature en question, de la façon dont les substances contenues dans les champignons peuvent être dégradées ou exploitées. Ainsi, les toxines de l'Amanite phalloïde ne sont pas nocives pour les escargots, car ceux-ci ont un métabolisme plus primitif que celui de l'homme. On pourrait multiplier les exemples : les petites mouches, tout comme les escargots, se moquent que l'Amanite phalloïde soit mortelle, elles y pondent tranquillement leurs œufs. Il en sort des larves qui se nourrissent de la chair de l'Amanite. Elles la consomment, deviennent adultes et pondent à leur tour des œufs.

J'ignore ce qu'il est advenu des écureuils ou des lièvres qui ont rongé des Amanites phalloïdes fraîches. Mais on connaît bien des cas où des chats, des chevaux et des chèvres se sont empoisonnés avec des champignons dans les prés. Le mycologue F. Guth décrit l'empoisonnement d'un chat qui n'avait bu qu'un peu de lait sucré où se trouvaient des Amanites tue-mouches écrasées (le lait empoisonné avait été placé là pour les mouches). Peu après, le chat vomit, se mit à baver, ses yeux s'exorbitèrent, son arrière-train se paralysa de sorte que l'animal traînait les pattes arrière. Au bout de 3 jours, il se rétablit peu à peu mais, pendant 14 jours, il ne put maîtriser correctement ses pattes arrière.

Des essais en laboratoire, au cours desquels diverses toxines furent testées sur des souris et des lapins, nous ont appris qu'au-delà d'une dose déterminée elles entraînent la mort. On a observé que les empoisonnements après ingestion de la même quantité de champignons toxiques ont une évolution moins grave chez les herbivores que chez les carnivores. Chez ces derniers, les réactions au poison sont très violentes et peuvent s'achever par la mort de l'animal.

Mais revenons à l'homme. Des expériences scientifiques ou des observations empiriques ont montré que certains champignons toxiques sont très dangereux, voire mortels, pour l'homme. Et pourtant, ces champignons sont consommés. Examinons quelques cas où des hommes ont involontairement ingéré des champignons toxiques.

L'Histoire compte de nombreux exemples où des adversaires, dans la lutte pour le pouvoir, ont été éliminés non seulement avec des armes, des poisons chimiques ou des infusions de plantes, mais aussi avec des champignons vénéneux. D'après le Dr. Robert Vavra, mycologue tchèque, la mort de l'empereur romain Claude en l'an 54 après J.-C., telle qu'elle fut décrite par l'historiographe romain Tranquille Suétone, constitue le plus ancien empoisonnement par ingestion de champignons. Par de nombreuses sources, nous savons que les champignons, qui comptaient jadis parmi les mets les plus fins, ne devaient jamais faire défaut sur la table des empereurs romains. Les ouvrages de Pline ou de Martial nous apprennent que dans l'Antiquité romaine, l'Oronge, ou Amanite des Césars, était un comestible de toute première catégorie. Apicius, célèbre prodigue et gastronome de la Rome antique, alla même – dit-on – jusqu'à se suicider quand sa fortune fut réduite à deux millions et demi de sesterces, car il craignait de ne plus pouvoir s'offrir les mets rares à base de champignons qu'il aimait.

Apparemment, l'empoisonnement de l'empereur Claude ne fut pas chose aisée. Comme l'empereur redoutait une telle éventualité, il avait un goûteur, l'eunuque Holut. La plupart des poisons agissaient rapidement et se manifestaient déjà au cours de la dégustation. Cependant, Agrippine, l'épouse de l'empereur, eut l'idée d'utiliser des Amanites phalloïdes. Les champignons, maquillés avec des colorants de façon à ne pouvoir être distingués de l'Oronge, trompèrent la vigilance du goûteur qui ne s'aperçut de rien. Le temps de latence de l'empoisonnement fut suffisant pour que le mets mortel parvienne à l'empereur.

Avec le recul, il faut reconnaître que d'un certain point de vue, la préparation des poisons dans la Rome antique avait atteint un niveau remarquable et que les ennemis de l'empereur possédaient des connaissances surprenantes sur les champignons.

Les toxines contenues dans les champignons sont d'autant plus dangereuses qu'il s'agit de substances très puissantes. Bien des victimes ont été empoisonnées non pas par un plat de champignons, mais par un extrait, une infusion ou une poudre, de sorte qu'on ne pouvait déceler la cause réelle de la mort.

Cependant, la plupart des décès causés par des champignons relèvent d'une tragique méprise. On a relaté, par exemple, un cas où de jeunes enfants étaient allés ramasser des champignons pour le dîner. Pendant la cueillette, ils passèrent des prés à la forêt où ils trouvèrent des Amanites phalloïdes qu'ils nettoyèrent soigneusement (ils les pelèrent) et emportèrent. À la lumière des lampes, la mère ne reconnut pas les champignons pelés et les prépara pour le dîner.

D'ailleurs, la majorité des personnes qui s'empoisonnent avec des Amanites phalloïdes sont convaincues d'avoir ramassé de bons comestibles. La littérature mycologique abonde de cas où les gens ont surestimé leur connaissance des champignons et l'ont payé de leur vie. Nous ne mentionnerons qu'un exemple : celui d'une famille de trois personnes qui s'intoxiqua avec des Amanites phalloïdes par suite d'une étourderie lors du ramassage.

La mère allait souvent chercher des champignons dans les prés. Un jour, dans la forêt, elle ramassa une dizaine de carpophores d'Amanite phalloïde à côté de champignons comestibles. Elle les prit pour des Agarics des forêts en pensant que leur chapeau était vert en raison du faible ensoleillement dans le sous-bois. Elle prépara pour le dîner un plat avec tous les champignons et des œufs. Aux premières heures de la matinée, tous les membres de la famille furent pris de diarrhée et de vomissements, tous étaient faibles et épuisés. La mère et le fils furent hospitalisés, le père refusa d'être emmené.

L'empoisonnement fut plus rapide chez le garçon de 9 ans. Après des lavages d'estomac et l'emploi de purgatifs, son état de santé ne fit qu'empirer, de fortes douleurs abdominales se firent sentir et 57 heures après l'ingestion des champignons, l'enfant mourut par arrêt cardiaque.

La mère, le deuxième jour, était certes faible mais suffisamment consciente pour pouvoir informer le médecin de la cause de l'intoxication. On employa sur elle toute une série de médicaments pour soutenir le fonctionnement du foie. Mais l'apathie et la somnolence de la patiente persistèrent ; bientôt elle signala qu'elle ne voyait plus rien. Sa conjonctive présentait une faible coloration jaune, le foie était enflé et douloureux, et des troubles de la fonction cardiaque commencèrent à se manifester. Bien qu'elle ait reçu des extraits de capsules surrénales et des médicaments pour le cœur, la patiente mourut 115 heures après l'ingestion des champignons.

Un jour après avoir consommé les champignons, le père se fit faire un lavage d'estomac mais refusa tout autre traitement avec hospitalisation. Épuisé par les diarrhées persistantes, souffrant d'une forte soif et de crampes aux mollets, il fut pourtant transporté à l'hôpital où, malgré des soins intensifs, il décéda 96 heures après l'ingestion des champignons.

Il est aussi très dangereux de vouloir vérifier soi-même la comestibilité de champignons inconnus. L'idée selon laquelle un beau champignon n'est pas toxique peut se payer fort cher. À notre époque, alors qu'on dispose d'une importante littérature mycologique, de méthodes analytiques suffisantes et de tout un réseau de spécialistes, l'expérimentation individuelle est une véritable roulette russe. Trop souvent pourtant des familles entières sont intoxiquées par des champignons qu'une personne a préparés sans en connaître la nature. Si le plat contient une Amanite phalloïde dont le poison agit au bout de 8 heures, il est souvent trop tard pour intervenir.

Malgré toutes les campagnes mettant en garde les cueilleurs de champignons contre les dangers qu'ils courent, certaines pratiques se perpétuent. Ainsi, certains ramasseurs de champignons conseillent de les goûter crus pour s'assurer qu'il s'agit d'espèces comestibles. Or, un tel procédé ne peut être utilisé qu'avec des Russules ou pour différencier le Cèpe de Bordeaux du Bolet amer ou l'Hypholome à lamelles enfumées de l'Hypholome en touffes. Mais même alors, il est conseillé de ne pas avaler les morceaux que l'on goûte, car en cas de confusion accidentelle avec le Bolet satan ou quelques bolets colorés, un seul petit morceau de chair peut provoquer une intoxication ou des maux considérables.

Les toxines des champignons vénéneux peuvent aussi passer dans le lait maternel. Compte tenu du faible poids du nourrisson, une légère intoxication de la mère peut être fatale à l'enfant. Plus que toute autre personne, un mère allaitante doit donc se montrer particulièrement vigilante et éviter les plats contenant des champignons inconnus.

Le spécialiste n'est pas non plus à l'abri d'un empoisonnement. On cite le cas d'un mycologue négligent qui rapporta chez lui une Amanite phalloïde avec des champignons comestibles, dans le but de la présenter le lendemain lors d'une conférence. Il posa les champignons dans la cuisine et sa femme les prépara en pensant qu'ils étaient tous comestibles. Après le dîner, le mycologue voulut étudier le champignon toxique et il constata que, par erreur, l'Amanite avait été mangée. Un lavage d'estomac effectué de toute urgence sauva la vie à tous les membres de la famille.

Les toxines peuvent également se trouver dans des champignons secs. C'est pourquoi il ne faut jamais sécher des champignons inconnus ou suspects. D'une part c'est une opération délicate, et d'autre part il a pu se produire des confusions fatales lors du ramassage. Il est particulièrement dangereux de préparer des poudres de champignons, car l'identification des éléments toxiques est alors très compliquée. En règle générale, il vaut mieux éviter de préparer des champignons ainsi conservés, même s'ils ont été ramassés par des personnes dont on est sûr qu'elles ne peuvent se tromper.

Quand la technique de séchage n'est pas correcte ou si la dessiccation est trop longue, des toxines surgissent parfois dans le champignon séché. C'est ainsi, par exemple, que lors du séchage du Bolet à chair jaune *(Xerocomus chrysenteron),* le petit champignon parasite *Apiocrea chrysosperma* syn. *Hypomyces chrysospermus,* qui vit à la surface du chapeau de cette espèce, peut se multiplier et contaminer par sa toxine les autres champignons séchés. Mieux vaut donc ne pas sécher les espèces qui peuvent être infectées par ce parasite. S'il n'est pas possible de sécher des champignons en 24 heures, il vaut mieux les conserver d'une autre manière.

Le nombre incommensurable d'espèces de champignons et les grandes difficultés que pose leur détermination conduisent de nombreux amateurs à des simplifications. Selon un vieux préjugé, la différenciation entre les espèces comestibles et toxiques serait très simple, car « le champignon toxique brûle la bouche et a une saveur désagréable. » Or, cela est faux. Le Lactaire des épicéas *(Lactarius deterrimus)* cru a un goût désagréable, voire repoussant et compte pourtant parmi les champignons recherchés, car cette saveur désagréable disparaît à la cuisson. L'âcreté ou l'amertume sont tout au plus le signe que tel ou tel champignon aura une saveur piquante. Une espèce peut être immangeable sans pour autant être toxique. Au contraire, de nombreux champignons vénéneux ont une saveur et une odeur faibles ou nulles, voire agréables. Les champignons les plus toxiques ne sont ni brûlants, ni amers, ni parfumés, ni nettement repoussants. L'Amanite phalloïde, par exemple, a une odeur neutre et, après cuisson, prend même une saveur excellente. Les personnes qui se sont empoisonnées avec ce champignon l'ont confirmé.

La croyance selon laquelle l'argent noircit au

contact d'un champignon toxique est évidemment fausse elle aussi. Ce noircissement du métal est certainement provoqué par d'autres substances et n'est pas dû à la présence de toxines. D'ailleurs, l'Amanite phalloïde ou d'autres champignons vénéneux ne provoquent pas cette réaction de couleur d'une manière prononcée. De même, le changement de couleur de la chair, qui se produit lorsqu'on coupe le carpophore, n'est pas un indice de toxicité du champignon. Les Bolets bleuissants sont pour la plupart très savoureux bien qu'ils comptent aussi une espèce toxique. Ce changement de coloration est la conséquence de la réaction à l'oxygène de la substance colorante contenue dans le champignon et n'a rien à voir avec la présence de toxines.

Est également fausse l'affirmation selon laquelle les champignons rongés par le gibier ou les escargots ou attaqués par les asticots seraient comestibles. Nous avons déjà vu que, grâce à leur métabolisme, ni les escargots ni les larves d'insectes ne sont influencés par les toxines de l'Amanite phalloïde.

Tous ceux qui se fonderaient sur ces croyances erronées risqueraient des intoxications très graves. À vrai dire, il n'existe pas de règle simple et universellement valable pour identifier en toute sûreté les champignons toxiques. Il ne reste donc pas d'autre solution que d'apprendre à différencier les champignons d'après leurs caractères botaniques. Cela est certes plus difficile, mais en revanche beaucoup plus sûr.

Types d'intoxication par les champignons

Les champignons toxiques peuvent causer les maux les plus divers en fonction de la toxine qu'ils contiennent. Des champignons pour lesquels la présence d'aucune toxine spécifique n'a été constatée, comme le Paxille enroulé, peuvent également être nocifs.

De nombreux médecins, biochimistes et mycologues du monde entier ont étudié les problèmes posés par les intoxications et les douleurs provoquées par les champignons. Dans cet ouvrage, la classification des intoxications repose sur les travaux de trois toxicologues tchèques, les docteurs Josef Herink, Jiri Kubička et Jaroslav Veselský. Ces médecins ont consacré leur vie à la lutte contre les empoisonnements par les champignons et ont mis au point une nouvelle méthode pour le traitement des intoxications phalloïdiennes. Ils ont également œuvré pour la prévention et la vulgarisation des espèces de champignons toxiques et dangereuses.

En fonction de leur effet sur l'organisme, on peut classer les intoxications en six groupes fondamentaux :

a) **Les intoxications qui touchent le foie,** telles que **les intoxications phalloïdiennes,** sont à imputer à quelques petites Lépiotes, à divers Galérines et Conocybes et surtout aux Amanites phalloïde, printanière et vireuse. Il faut noter que d'autres champignons peuvent léser les cellules du foie, comme par exemple le Gyromitre dit comestible.

Les champignons du groupe de l'Amanite phalloïde contiennent deux types de toxines en fortes concentrations: les phallotoxines (dont la phalloïdine) et les amatoxines. Malgré leur thermorésistance, les phallotoxines ne semblent jouer aucun rôle en pathologie humaine, car elles ne sont pas absorbées par le tube digestif. Les amatoxines sont les principales responsables dans l'intoxication phalloïdienne. La plus virulente est l'amatoxine. Ces substances comptent parmi les mycotoxines les plus redoutables. Elles ont provoqué jusqu'à 95 % des cas de mortalité par ingestion de champignons. Les toxines pénètrent dans les cellules du foie, lèsent leur microstructure et paralysent ainsi le déroulement normal des fonctions du foie.

Les premiers symptômes du syndrome phalloïdien apparaissent après un temps relativement long. Ils se manifestent au bout de 6 heures, mais la plupart du temps de 8 à 12 heures après le repas. Le sujet ressent tout d'abord des troubles digestifs accompagnés de diarrhée et de vomissements. Ces symptômes durent environ deux jours. Les violentes diarrhées et les vomissements provoquent une importante déshydratation et de grandes pertes en sel, le malade est épuisé, il a des crampes dans les jambes et présente des troubles de la diurèse qui peuvent s'achever par un blocage total de l'urine et l'infection de l'organisme par suite de la non-élimination des résidus du métabolisme. Dans le sang du malade, l'activité des enzymes, nommés transaminases, croît, le taux de pigment biliaire augmente et gêne la coagulation du sang. Au cours de la phase suivante, un soulagement apparent survient. Si le malade n'est pas soigné correctement ou s'il a ingéré une trop grande quantité de champignons toxiques, il perd connaissance et meurt entre le sixième et le huitième jour suivant l'intoxication par arrêt de la fonction hépatique. Sa peau présente à des degrés divers les symptômes d'une jaunisse.

On rattache aussi au syndrome phalloïdien les intoxications dites **paraphalloïdiennes** qui surviennent après ingestion de champignons ne contenant aucune des toxines caractéristiques de l'Amanite phalloïde. C'est ainsi que l'intoxication par le Gyromitre dit comestible rappelle, par son déroulement, celle par l'Amanite phalloïde, mais elle en diffère par quelques symptômes. Après un temps de latence de 5 à 10 heures, une indisposition générale, des maux de tête, des douleurs abdominales et des vomissements répétés, qui ne durent jamais aussi longtemps que lors d'une intoxication phalloïdienne, surviennent chez le sujet. Les diarrhées sont plutôt exceptionnelles. Il se produit relativement souvent des incidents de la circulation sanguine et des œdèmes cérébraux, habituellement aussi une jaunisse plus ou moins forte. L'intoxication s'achève parfois par la mort du sujet par coma hépatique. Les substances responsables sont la gyromitrine et des homologues, qui se transforment en hydrazines, très toxiques pour le foie. Ce type d'intoxication nécessite toujours un traitement hospitalier.

b) **Les intoxications qui affectent les reins,** nommées **intoxications orellaniennes** d'après le Cortinaire à couleur de rocou *(Cortinarius orellanus),* sont provoquées par quelques Cortinaires. Le temps d'incubation après l'ingestion des champignons dure 2 ou 3 jours (après consommation d'une dose mortelle, c'est-à-dire 30 g de champignons secs ou 300 g de champignons frais) dans le cas des empoisonnements les plus graves, de 4 à 9 jours en cas d'intoxication plus légère et de 10 à 17 jours dans les cas les moins graves. En cas de consommation réitérée des champignons, le début de l'intoxication est difficile à déterminer, car les toxines s'accumulent dans l'organisme. La diurèse plus fréquente dans la première phase de l'intoxication passe elle-même finalement inaperçue et le sujet ne se rend compte de son affection que par ses vomissements, ses diarrhées, sa bouche sèche et sa sensation de soif. La diurèse diminue progressivement et peut même s'arrêter totalement. Mais la soif augmente constamment et le malade ingurgite quotidiennement jusqu'à 10 litres de liquide. Des maux de tête et des douleurs abdominales se font sentir ainsi que des douleurs dans la région rénale et les articulations. Parfois, le malade est pris de frissons sans avoir de fièvre. Plus tard, viennent s'ajouter des réactions nerveuses, somnolence, palpitations, tremblements musculaires, œdème des membres inférieurs et convulsions des paupières. Chez les enfants, l'intoxication évolue rapidement et la mort survient en quelques jours. De même, chez les personnes plus âgées souffrant de lésions rénales, l'intoxication est plus rapide et plus pernicieuse. La convalescence dure longtemps. L'intoxication provoque parfois des lésions rénales durables. Une guérison n'est possible que dans les services spécialisés des grands hôpitaux équipés pour effectuer une dialyse rénale. On peut alors observer dans le sang et l'urine l'état du désordre des organes, et les lésions rénales qui viennent s'ajouter peuvent être plus facilement maîtrisées. En cas de lésion rénale chronique, le malade restera définitivement dépendant d'un rein artificiel.

c) **Les intoxications muscariennes,** qui tirent leur nom de l'Amanite tue-mouches *(Amanita muscaria),* touchent les systèmes digestif et nerveux, le cœur, la vue et provoquent des troubles respiratoires. Elles sont provoquées par divers Inocybes et Clitocybes. Les symptômes de l'intoxication par le Clitocybe de l'olivier font penser à une intoxication de type muscarien, mais aucune trace de muscarine, la toxine responsable, n'a été décelée chez ce champignon. Quant à l'Amanite tue-mouches, sa faible teneur en muscarine ne permet pas de la classer parmi les espèces responsables du syndrome muscarien. La période d'incubation est très courte. L'intoxication commence parfois même au cours du repas mais en général elle se fait sentir environ deux heures après l'ingestion des champignons. Elle se manifeste par une transpiration spectaculaire (le sujet est quelquefois baigné de sueur, au sens propre du terme), un flux de salive et un larmoiement. Il est pris de douleurs d'estomac, de vomissements et de diarrhée. Les vaisseaux sanguins périphériques se dilatent, la pression sanguine chute, le pouls qui au début battait plus vite, se ralentit, le malade a une sensation de froid et des frissons. Le rétrécissement des pupilles accompagné de troubles visuels est également un symptôme frappant. Des difficultés respiratoires se produisent et peuvent augmenter jusqu'à l'arrêt total de la fonction respiratoire. La déshydratation et la perte de sel se traduisent parfois par des crampes des membres inférieurs. Cette intoxication peut être mortelle.

d) **Les intoxications psychotropes** agissent surtout sur le psychisme. Elles sont provoquées par deux groupes de toxines : des dérivés isoxazolés (acide iboténique, muximol...) et des dérivés à noyau indolique (psilocybine...).

– **Les intoxications par les dérivés isoxazolés** sont surtout provoquées par des Amanites ; elles se manifestent de 30 minutes à 3 heures après le repas par une indisposition, des vomissements, des maux de tête, des palpitations et des troubles de la vue. Le malade a les pupilles dilatées en permanence et il est souvent dans un état proche de l'ébriété. Il se montre volubile, rit ou pleure sans raison, se bat, court ici et là et parfois aussi attaque celui qui le soigne. Après ces violents états d'excitation, le malade est pris de syncopes, mais reprend connaissance de temps à autre. Il a des hallucinations, crie et se débat contre des dangers invisibles. Finalement, il tombe dans un profond sommeil dont il ressort la plupart du temps dans un état normal, mais il ne se souvient de rien. Cette intoxication est surtout dangereuse pour les personnes âgées atteintes de sclérose des vaisseaux cérébraux et les personnes cardiaques. La mort ne survient que dans des cas isolés.

– **Les intoxications hallucinogènes** causées par la psilocybine sont provoquées par quelques espèces de Psilocybes, Panéoles et Strophariacées. Elles se manifestent par une dilatation des vaisseaux avec alternance des sensations de chaud et de froid, une dilatation des pupilles accompagnée de troubles visuels et d'hallucinations. Les symptômes psychiques de l'intoxication sont différents. De nombreux malades sont euphoriques, rient, ont des troubles de la perception des couleurs, subissent des effets de kaléidoscope, voient double, etc. D'autres se sentent oppressés, angoissés, ont des visions d'épouvante qui conduisent au délire et à des tentatives de suicide. L'intoxication dure quelques heures et ne laisse aucune séquelle durable chez les individus en bonne santé.

e) **Les intoxications du système digestif** sont provoquées par le Tricholome tigré, l'Entolome livide, l'Entolome printanière, la Psalliote jaunissante, le Lactaire jaunâtre, le Lactaire toisonné, les Bovistes et les Sclérodermes, les Russules âcres, les Clavaires, le Tricholome ruiné et d'autres Tricholomes.

Les symptômes de cette intoxication se font sentir relativement vite, de 1 à 4 heures après l'ingestion des champignons. L'ingestion de deux grands carpophores de Tricholome tigré suffit pour provoquer une intoxication qui se manifeste de 30 minutes à 2 heures plus tard par des vomissements et de la diarrhée. Des lésions rénales peuvent également se produire par suite de déshydratation et de perte de sel. Plusieurs cas mortels ont été enregistrés.

L'intoxication par l'Entolome livide se manifeste de 2 à 4 heures plus tard par de violentes diarrhées et des vomissements. Cet état peut durer plusieurs jours et conduire à un épuisement important de l'organisme. Parfois, les reins sont également touchés. Les personnes âgées peuvent mourir d'un arrêt cardiaque. On a relevé des cas mortels d'intoxication par l'Entolome livide dans toute l'Europe centrale et méridionale.

L'intoxication par l'Entolome printanière se déclenche de 2 à 4 heures (parfois seulement au bout de 24 heures) après l'ingestion, par de violentes diarrhées répétées. Elles durent parfois plusieurs jours avec pour conséquence une importante déshydratation et l'affaiblissement de l'organisme. Les vomissements sont exceptionnels. On ne connaît pas de cas mortel.

L'intoxication par la Psalliote jaunissante commence de 1 à 3 heures après le repas, mais elle ne se produit que lorsqu'on a mangé une grande quantité de champignons toxiques. Elle se manifeste par des vomissements qui durent plusieurs heures. Les diarrhées sont exceptionnelles.

L'intoxication par la Psalliote pintade est identique.

Le Scléroderme verruqueux provoque une intoxication qui se manifeste 1 ou 2 heures plus tard par des vomissements persistants et une diarrhée indolore. Le sujet se plaint d'une impression de poids sur l'estomac qui se transforme en douleur sourde. Tous les symptômes indiquent que le système nerveux central est touché. Le malade ressent des bourdonnements d'oreilles, se plaint de maux de tête et se sent étrangement somnolent. Il peut aussi avoir de la fièvre, des sueurs, des vertiges, des problèmes respiratoires. Les douleurs disparaissent en quelques heures.

L'intoxication par les Lactaires et les Russules âcres se manifeste de 1 à 4 heures après l'ingestion par des diarrhées et des vomissements répétés, mais elle ne dure pas très longtemps.

L'intoxication provoquée par le Tricholome ruiné entraîne, dans les 2 heures, une indisposition et des nausées. Le sujet vomit son repas. Ce vomissement se répète une quinzaine de fois sans apporter le moindre soulagement. Au contraire, des douleurs abdominales spasmodiques et des diarrhées répétées viennent s'y ajouter. Parfois, il se produit aussi des troubles circulatoires, des évanouissements avec sueur froide, de la tachycardie et des symptômes de déshydratation. Cet état secondaire lié à un épuisement physique peut durer plusieurs jours.

Les Clavaires contiennent une substance, l'émodine, qui irrite fortement le gros intestin. L'intoxication, sans gravité, est cependant gênante en raison des diarrhées répétées qu'elle provoque.

f) **Des troubles digestifs, cardiaques** et **psychiques** apparaissent parfois lorsque des champignons sont associés à de **l'alcool.** Dans cette catégorie, on trouve les intoxications par le Coprin noir d'encre et par le Coprin micacé. Le Coprin noir d'encre est comestible et très savoureux. Mais si après le repas on boit de l'alcool, l'effet d'une substance qui bloque l'activité des enzymes dans le foie se fait sentir. L'intoxication dite par acétaldéhyde se manifeste en 30 minutes par une nette rubéfaction du visage qui s'étend au buste et aux bras. Le sujet a des palpitations et des difficultés respiratoires, il est angoissé, pris de diarrhée et vomit. Ces symptômes sont extrêmement désagréables et leur intensité est proportionnelle à la quantité d'alcool et de champignons consommée. Ils diminuent au bout de 2 ou 3 heures, mais réapparaissent si le sujet reprend de l'alcool (et ce jusqu'au quatrième jour après l'ingestion des champignons).

Premiers soins

Une indisposition après l'ingestion de champignons n'indique pas obligatoirement une intoxication. Elle peut être provoquée également par une trop grande consommation d'espèces comestibles. Les mélanges de champignons préparés avec des œufs, de la semoule et beaucoup de graisse sont particulièrement indigestes. Plus les douleurs sont pressantes et surtout plus elles se manifestent tardivement après le repas, plus l'intoxication peut être grave. Une longue période d'incubation caractérise précisément l'intoxication phalloïdienne.

Si l'on soupçonne une intoxication par des champignons, il faut en tout cas:
- appeler immédiatement le médecin ou transporter le malade dans un hôpital;
- informer le médecin que le malade a mangé des champignons;
- mettre de côté les restes de champignons non encore préparés ou consommés, éventuellement aussi des fragments de champignons que l'on trouvera d'abord dans les vomissures et plus tard dans les selles, et les transmettre à l'hôpital concerné. L'efficacité des soins médicaux dépend pour l'essentiel d'une détermination rapide et exacte du type de champignon ingéré.

En attendant l'arrivée du médecin, il faut:
- faire vomir abondamment le malade le plus vite possible. Cela se produit parfois spontanément mais dans le cas des intoxications de type phalloïdien, les vomissements se manifestent en général fort tardivement. Pour entretenir la nausée, on peut donner au malade de l'eau chaude légèrement salée. Ce traitement doit être répété jusqu'à ce que des fragments de champignons apparaissent dans les vomissures;
- ne donner aucune nourriture au malade. Seule l'eau est permise, éventuellement additionnée de sucre et de citron. Le lait ne convient pas. Toute forme d'alcool est à proscrire, elle ne ferait qu'aggraver l'évolution de l'intoxication;
- dès que vomissements et diarrhées se produisent, allonger le patient, qui doit rester couché;
- n'administrer aucun médicament, mis à part le charbon actif (20 comprimés à prendre en une fois).

Les propriétaires de maisons situées loin de tout établissement médical devraient toujours disposer d'une réserve suffisante de charbon actif.

Il se peut que ce type de mesures soit superflu, mais il ne faut pas oublier que les intoxications par les champignons provoquent la mort dans 10 à 15 % des cas.

Cela se produit surtout lorsqu'on sous-estime l'effet toxique des champignons et qu'on administre un traitement médical trop tardivement. Grâce à des méthodes curatives particulièrement efficaces, le taux de mortalité peut être réduit à 1 % si des soins intensifs sont donnés dans les 36 heures suivant l'ingestion des champignons.

Les champignons toxiques dans la nature

La mycologie, science relativement jeune, traite de l'étude des champignons, de leur biologie, de leur effet et de leur importance pour les autres organismes. L'exploration de la mycoflore est encore loin d'être achevée. On estime qu'il existe de 80 000 à 100 000 espèces de champignons, auxquelles s'ajoutent constamment de nouvelles découvertes. La plupart des espèces sont représentées par des champignons microscopiques ne présentant pas de différenciation entre mycélium et carpophore. À cette catégorie appartiennent les moisissures et les levures, indispensables à l'industrie alimentaire, ainsi que des champignons qui provoquent des maladies chez les plantes, les animaux et les hommes et détruisent fruits, légumes, produits alimentaires, bois et textiles. Les champignons supérieurs, les Macromycètes, sont représentés sur notre planète par 15 000 à 20 000 espèces, de 5 000 à 6 000 espèces poussant en Europe. Une dizaine sont mortelles, une centaine vénéneuses ou toxiques, de 100 à 150 sont d'excellents comestibles et de 30 à 400 de bons comestibles seulement. Les autres champignons sont immangeables, n'ont pas encore été étudiés, ou encore sont très rares.

La classification des champignons en espèces comestibles, non comestibles ou toxiques est très problématique. La toxicité des champignons est, jusqu'à un certain point, relative. Le mycologue français Roger Heim l'a très bien exprimé : « Sont comestibles les champignons qui sont les moins toxiques. » Les dernières recherches lui donnent raison, car des substances terriblement toxiques existent, à l'état de traces, chez le Cèpe de Bordeaux et chez d'autres espèces garanties comestibles. Le terme de champignon toxique n'est pour le moment pas encore bien délimité. Sont considérées comme comestibles les espèces qui, si elles sont consommées cuites et en quantité raisonnable, ne peuvent provoquer aucune intoxication.

À l'inverse, on parlera de champignon non comestible si l'espèce, pour diverses raisons, est inconsommable. Elle sera, par exemple, trop dure, coriace, poivrée, amère ou âcre. Mais, là encore, tout est relatif. Il peut exister, quelque part dans le monde, une préparation culinaire particulière permettant de transformer une espèce inconsommable, voire toxique, en un mets délicat. Nous le savons d'après les diverses cuisines nationales issues de vieilles traditions et de l'expérience populaire. Mais, pour tester une telle préparation culinaire, il faut d'abord déterminer avec certitude, de préférence avec l'aide d'un mycologue, si l'on dispose de la bonne espèce de champignon.

Bien qu'il y ait relativement peu de champignons toxiques, il faut être très prudent et ne pas courir de risque. Une erreur peut, en effet, être fatale. Pour les différencier des espèces comestibles, une connaissance approfondie de leurs caractères biologiques est indispensable.

On ne parvient pas toujours à identifier chaque champignon avec précision. S'il y a le moindre doute, il est préférable de ne pas le consommer. Par ailleurs, pour être classé dans un genre ou une espèce, un champignon doit en présenter toutes les caractéristiques.

Si ce n'est pas le cas, il faut prendre conseil auprès d'un mycologue spécialisé dans un genre précis. La plupart du temps, il n'aura besoin que de quelques caractéristiques pour identifier avec précision le spécimen qui vous pose problème.

La classification des champignons

Nous sommes entourés de champignons, mais seule une connaissance approfondie de leurs caractéristiques peut nous permettre de les utiliser sans risquer de perturber l'équilibre naturel. On sait que les champignons sont des végétaux inférieurs, dotés d'un mycélium, dépourvus de vaisseaux et de chlorophylle. Ils diffèrent donc tout à fait des plantes vertes par leur façon de se nourrir. Les champignons n'ont peut-être jamais possédé de chlorophylle, ou l'ont perdue au cours de leur évolution. La chlorophylle permet aux plantes vertes de capter l'énergie solaire grâce à laquelle elles transforment les molécules d'eau et de gaz carbonique en substances nutritives. Au cours de cette transformation, elles libèrent de l'oxygène qui enrichit l'air et l'eau. Les plantes vertes constituent par ailleurs l'un des premiers maillons de la chaîne alimentaire ; elles conditionnent donc l'existence de tous les êtres vivants. Les champignons, quant à eux, tirent leur énergie et leur masse de la décomposition de la substance vivante ou dépérissante d'autres organismes. En décomposant toute masse d'origine organique, ils occupent donc une place importante dans le cycle permanent des éléments dans la nature. Les champignons ont assumé cette tâche aussitôt après l'apparition et le développement des plantes chlorophylliennes sur la Terre. Sans eux, les divers résidus du métabolisme des autres organismes s'accumuleraient et finiraient par étouffer le milieu naturel. Les fossiles qu'on a pu retrouver permettent d'affirmer que des champignons, les prèles par exemple, existaient déjà au paléozoïque. Dans les charbons qui proviennent des ères secondaire et tertiaire, on a découvert des carpophores de polypores dont la structure a permis la fossilisation. On connaît aujourd'hui quelque 500 espèces de champignons fossiles, mais ce n'est vraisemblablement qu'une petite partie de l'abondance d'autrefois, car les réceptacles fructifères mous n'ont pu se conserver. Tout comme les plantes et les autres êtres vivants, les champignons connurent une évolution fort complexe, qui se poursuit encore de nos jours. Les espèces actuelles remplissent une fonction vitale et contribuent ainsi à la vie sur Terre.

Selon leur mode de vie, on classe les champignons en trois groupes fondamentaux : les champignons symbiotiques (mycorhiziques) ; les champignons saprophytes (vivant aux dépens de déchets organiques) ; les champignons parasites (à l'origine de certaines maladies de l'homme, des animaux et des plantes).

Au premier groupe appartiennent d'intéressantes espèces poussant en forêt. Les filaments de leur mycélium prennent les radicelles des plantes supérieures, surtout des arbres, des buissons et des graminées, dans leur réseau et créent des formations singulières. Dans cette relation mycorhizique complexe, le champignon remplace partiellement le système racinaire des arbres. Il tire de son hôte des substances indispensables, surtout du glucose, et lui fournit en échange d'autres substances essentielles qu'il tire du sol et de l'air. Cette relation est profitable aux deux partenaires, et les arbres qui en bénéficient sont mieux alimentés en éléments nutritifs

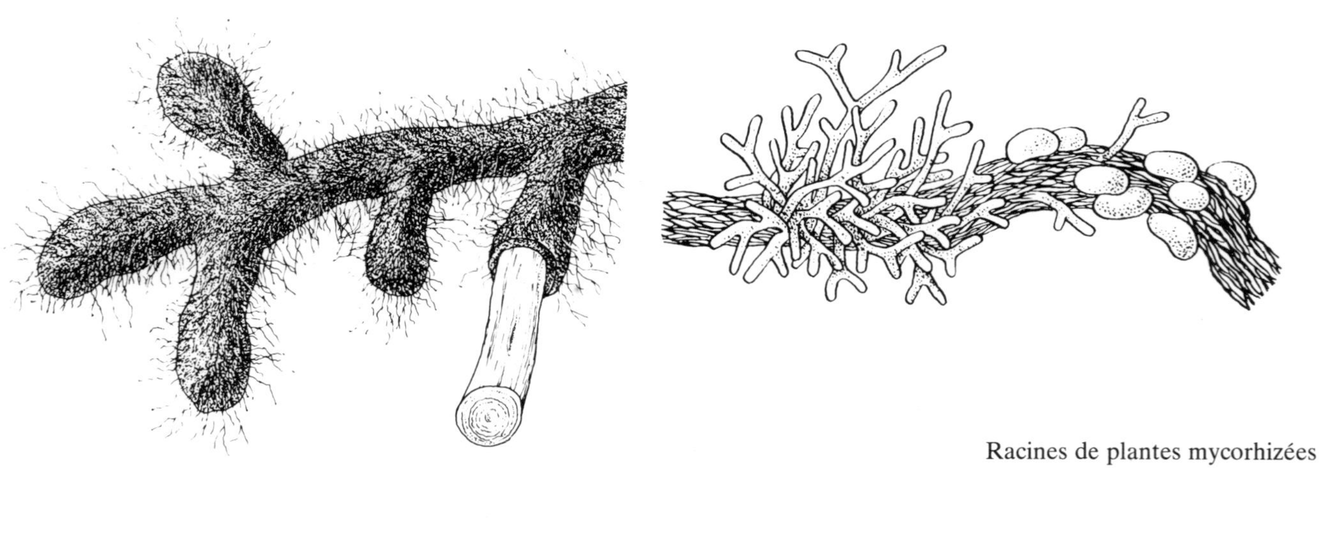

Racines de plantes mycorhizées

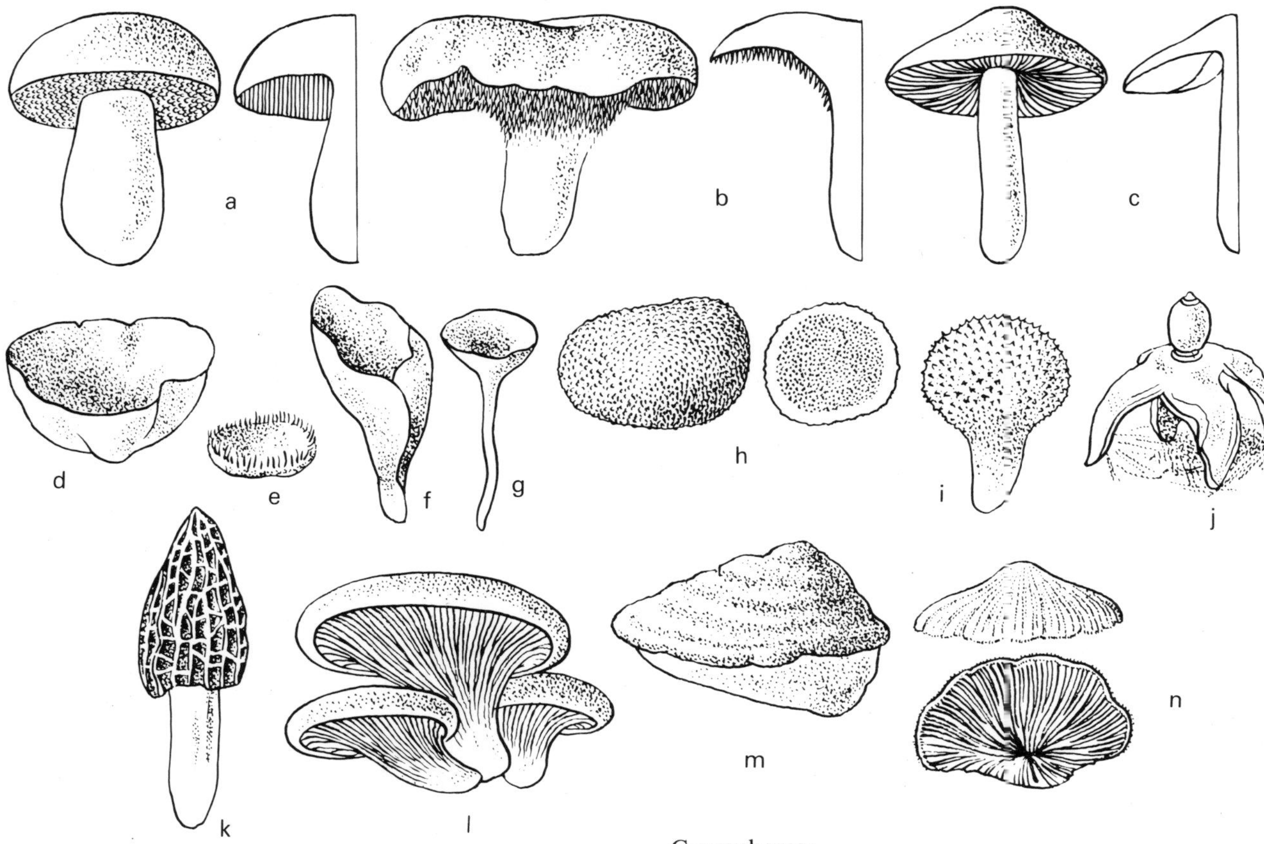

Carpophores:
a) des champignons à tubes, b) des champignons à aiguillons, c) des champignons à lamelles, d) e) f) g) divers ascomycètes, h) Tubéracées–Elaphomycétacées, i) vesses-de-loup, j) géastres, k) morilles, l) à pied excentrique, latéral (Pleurotées), m) Polyporacées, n) Schizomycètes.

et présentent une plus forte croissance. Si, par suite de conditions extérieures défavorables, le champignon meurt, l'arbre ne peut survivre et il dépérit.

De nombreuses espèces de champignons forment une mycorhize. Quelques-unes ne s'associent qu'avec une espèce d'arbre déterminée, par exemple le Bolet élégant *(Suillus grevillei)* avec le mélèze, l'Hygrophore à lamelles jaunes *(Hygrophorus hypothejus)* avec le pin et le Bolet rude ou Bolet du charme *(Leccinum carpini)* avec le charme. D'autres champignons ont des hôtes variables. À ce groupe appartient la majorité des Bolets, Russules, Tricholomes, Amanites et Truffes. L'étroite relation entre le champignon et la matière ligneuse est intéressante du point de vue sylvicole. Dans certains pays, des essais ont été tentés pour établir des symbioses avec les plantes d'espèces forestières, dans le but d'obtenir l'enracinement d'un plus grand nombre de sujets et un taux de croissance plus élevé. La culture de certains champignons de grande valeur commerciale (les Truffes par exemple) cherche également à exploiter ce principe.

Les champignons saprophytes puisent leurs éléments nutritifs dans les corps dépérissants d'autres êtres vivants, éventuellement dans leurs restes qui se trouvent à divers stades de décomposition. À l'aide d'enzymes spéciales, les champignons peuvent décomposer des substances complexes et obtenir ainsi les éléments nutritifs et l'énergie nécessaires à leur développement. À ce groupe appartiennent, par exemple, les Agarics, les Morilles, les Hypholomes, les Pholiotes changeantes, quelques Gastérales et d'autres espèces. L'homme utilise depuis longtemps à son profit l'activité de décomposition des champignons. Certains récits sur la culture de quelques espèces de champignons lignicoles dans les pays d'Extrême-Orient ont été conservés et remontent au début de notre ère.

Au troisième groupe appartiennent les champignons parasites qui peuvent s'attaquer aux arbres vivants, aux productions agricoles, ainsi qu'aux hommes. Ils causent de graves dégâts, notamment aux denrées alimentaires, et sont constamment combattus par l'homme. Parmi eux, on trouve l'ergot, la rouille des céréales, l'Armillaire couleur de miel, toute une série de Polypores et enfin, des espèces qui provoquent de désagréables dermatoses.

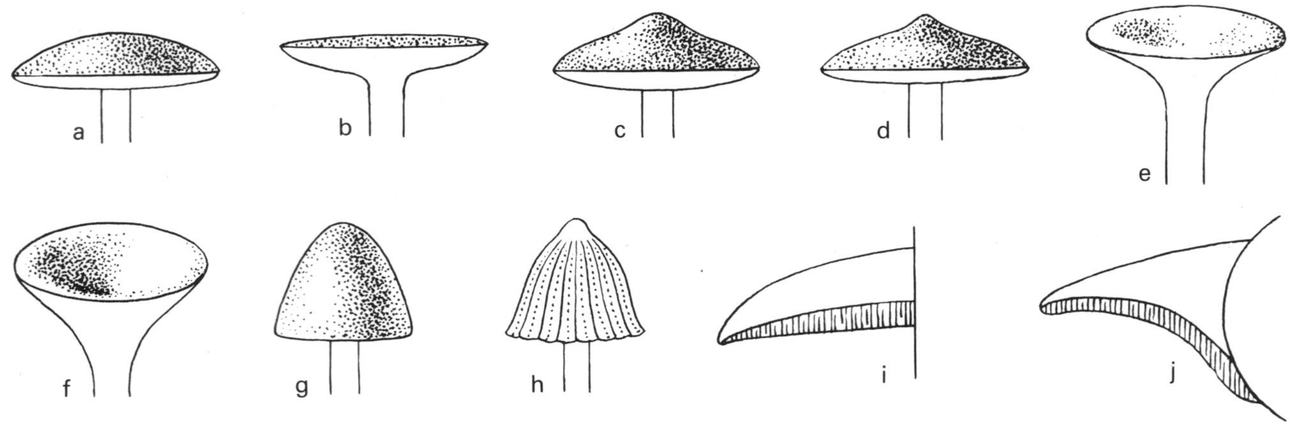

Chapeau:
a) hémisphérique, convexe bas, b) plan, c) à mamelon obtus,
d) à mamelon pointu, e) déprimé, f) infundibuliforme,
g) campanulé, h) campanulé strié à mamelon pointu,
i) coupe d'un chapeau fixé latéralement, j) coupe d'un chapeau
à demi développé.

Ce que nous ramassons, ce sont en fait les carpophores, c'est-à-dire les organes reproducteurs des champignons. Le corps véritable est composé des hyphes, filaments qui forment le mycélium. Pour l'identification des espèces, on peut se servir du mycélium et surtout des carpophores. On différencie les divers genres et espèces de champignons à l'aide de caractéristiques macroscopiques et microscopiques. On se limitera ici aux macrocaractères, perceptibles à l'œil nu.

Les carpophores se distinguent par la taille, la forme, la consistance, l'odeur et la saveur, ainsi que par la couleur de la chair. Cette dernière est un caractère de détermination très important. Elle peut être fibreuse, aqueuse, humide, sèche, tendre ou ligneuse et peut changer de couleur sur la surface de coupe. Parfois, il s'en écoule un liquide dont la teinte se modifie à l'air.

Le chapeau constitue une partie importante du réceptacle fructifère. Il présente souvent une forme caractéristique: hémisphérique, campanulé, plan, infundibuliforme, etc. Sur la partie inférieure du chapeau se trouvent des lamelles ou des tubes couverts par l'hyménium, sur lequel se forment les spores. Les supports de l'hyménium peuvent se présenter de différentes manières. Ils sont, par exemple, en forme de lamelles, de tubes ou d'aiguillons. Chez les champignons à lamelles, la façon dont celles-ci s'insèrent sur le pied est très importante (les lamelles peuvent être décurrentes ou écartées, par exemple).

Le pied constitue un autre élément du carpophore et la forme de la base est essentielle. Elle peut être renflée, en massue, fusiforme, bulbeuse, bulbeuse avec une volve, radicante, effilée, etc. La surface du pied est lisse, cannelée, ridée, nervurée, glabre, squameuse, visqueuse, de diverses couleurs. Sur le pied, de nombreuses espèces présentent un anneau qui provient de l'enveloppe qui couvrait les lamelles des jeunes spécimens. La manière dont l'anneau et la volve se développent est illustrée par le croquis.

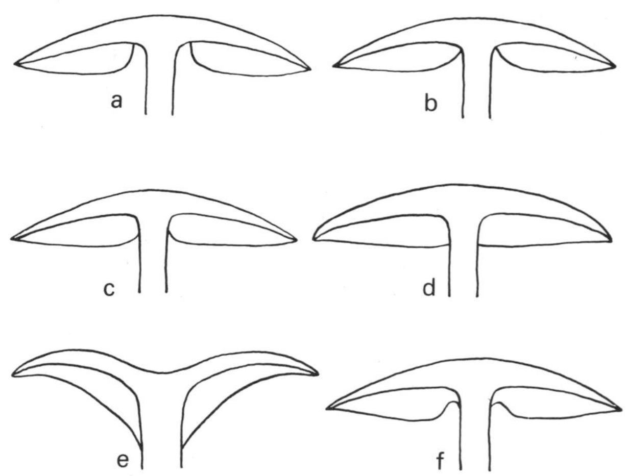

Insertion des lamelles sur le pied:
a) écartées, b) libres, c) adnées (= adhérentes) ventrues,
d) adnées (= adhérentes) larges, e) décurrentes,
f) uncinées (= fixées au pied par une petite dent),
échancrées, émarginées ou sinuées.

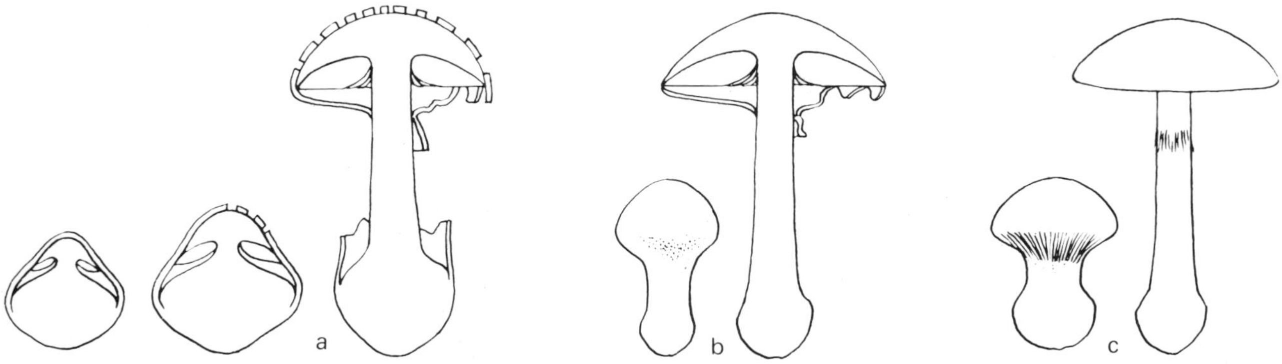

Formation de l'anneau :
a) chez l'Amanite phalloïde, b) chez l'Agaric, c) chez le Cortinaire (il ne se forme pas d'anneau membraneux, mais après disparition de la cortine, voile arachnéen qui recouvrait les lamelles, il reste une bague rouille formée de fibrilles apprimées).

La coloration des spores est un autre macrocaractère. On la détermine en faisant tomber les spores du carpophore sur un support blanc. Pour cela, on découpe le chapeau, on le pose avec l'hyménium sur un papier blanc et on place un verre par-dessus. Au bout de quelques heures, le papier présente une poussière de spores dont le dessin correspond, par exemple, aux lamelles. La couleur de cette sporée est caractéristique d'un genre déterminé.

Les illustrations de cet ouvrage montrent et décrivent les champignons toxiques ou nocifs, mais aussi les espèces comestibles qui leur ressemblent et avec lesquelles on peut les confondre. Les champignons toxiques sont présentés tels qu'ils apparaissent dans la nature, du printemps à l'automne. À la suite de la description de chaque espèce, se trouve la description des autres espèces avec lesquelles elle peut être confondue.

Glossaire

Apprimé : fortement appliqué contre le support.

Céracé : qui a l'aspect de la cire.

Farci : s'applique à la texture spongieuse du pied de certains champignons.

Fimbrié : s'utilise pour la marge du chapeau et l'arête des lamelles : déchiqueté.

Fistuleux : s'applique au pied des champignons quand il est creusé d'un canal longitudinal.

Furfuracé : couvert de pellicules rappelant celles du son.

Hyalin : incolore ou translucide.

Hygrophane : qui change de teinte selon le degré d'humidité

Lardacé : qui donne une impression de gras (comme du lard) au toucher.

Omboné : muni d'un mamelon central.

Pulviné : en forme de coussin ; s'applique surtout à la forme du chapeau des Bolets.

Squameux : présentant des squames, c'est-à-dire des écailles, des mèches.

Tomenteux : couvert de poils serrés ; feutré.

Descriptions illustrées

Sur chaque double page, les champignons toxiques et non consommables sont représentés et décrits à gauche; sur la page de droite, on trouvera les champignons comestibles ressemblants. Les champignons toxiques sont classés selon leur ordre d'apparition dans la nature, du printemps à l'automne.

☠ Gyromitre dit comestible

Gyromitra esculenta (Pers. : Pers.) Fr.

Le chapeau mesure de 3 à 12 cm de large et de haut, il est sphérique irrégulier, cérébriforme (c'est-à-dire qu'il présente des plis rappelant des circonvolutions cérébrales), creux, châtain à brun foncé, puis devenant foncé à noir avec l'âge. Le pied est cylindrique, creux, sillonné en surface, blanchâtre, parfois rougeâtre, il a de 2 à 6 cm de haut sur 1,5 à 3 cm d'épaisseur. La chair est mince, blanchâtre, aqueuse, sans saveur particulière, avec une faible odeur de champignon. Les spores sont ellipsoïdes, lisses, hyalines, dotées aux pôles de deux guttules, et mesurent de 18 à 22 μ. Ce champignon pousse d'avril à juin, dans les bois de conifères, surtout sous les pins, la plupart du temps en terrain sablonneux, mais on le trouve aussi sur des souches, des chemins forestiers et en lisière de forêt. Selon les lieux, il peut être commun ou inexistant. Autrefois, le Gyromitre était tenu pour inoffensif. Il était ramassé et même vendu. Cependant, des intoxications se produisaient parfois après son ingestion et la littérature médicale signale même quelques cas mortels. Nous savons aujourd'hui que l'espèce est potentiellement toxique, en particulier si elle est consommée crue. En revanche, elle est inoffensive une fois séchée.

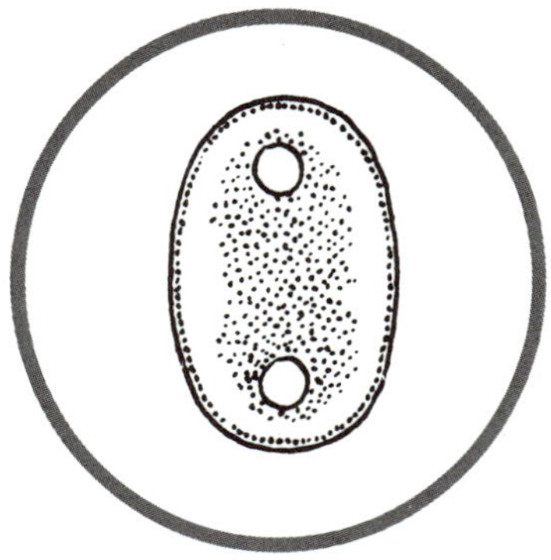

Pour la différenciation entre le Gyromitre comestible et le Gyromitre géant, on a également recours à l'examen microscopique des spores mûres.

Helvellacées

Gyromitre géant

Gyromitra gigas (Krombh.) Cooke

Morchellacées

Morille conique

Morchella conica Pers.

Gyromitre géant

Le chapeau est irrégulier, sphérique, souvent lobé, creux, il présente une surface cérébriforme ou plissée, sa marge est soudée au pied ; il est blond ocracé, brun olive ou brun clair à brun foncé et mesure de 6 à 15 cm de large. Le pied est très court, trapu, creux, irrégulièrement sillonné, blanchâtre, blanc sale à ocre clair. La chair est blanchâtre ou gris clair, mince, cassante, sans odeur ni saveur particulières. Ce Gyromitre pousse d'avril à mai, sur du bois en décomposition avancée, dans des forêts caducifoliées ou mixtes chaudes. On le trouve sur des souches pourries d'épicéas ou sur les troncs couchés de frênes, de trembles et d'autres feuillus. Il se différencie du Gyromitre dit comestible par les spores. Celles-ci sont lisses, hyalines, ellipsoïdes étirées et dotées de verrues aux extrémités. Elles présentent deux guttules aux pôles, une plus grande au centre et mesurant 28–38 × 12–14 μ.

Morille conique

Au printemps, le Gyromitre dit comestible est parfois confondu avec la Morille conique dont le chapeau conique mesure jusqu'à 8 cm de haut, est brun-noir à gris-noir, creux et présente des côtes longitudinales bien marquées, parallèles, reliées transversalement et bordant des alvéoles allongés.

Gyromitre géant

Morille conique

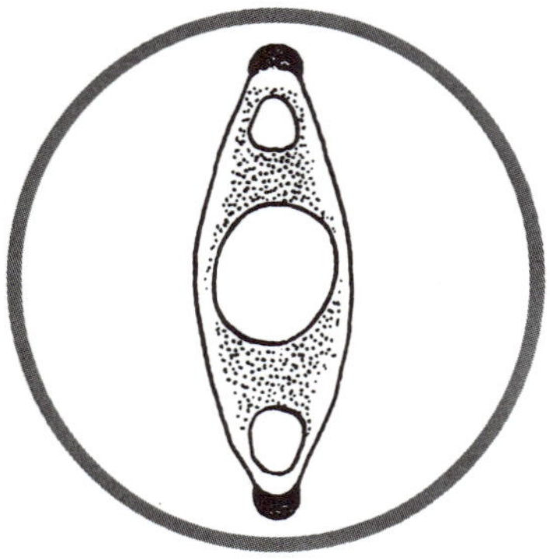

Les spores du Gyromitre géant sont ellipsoïdes allongées, dotées aux extrémités de verrues, aux pôles de deux guttules et d'une plus grande au centre.

Gyromitre dit comestible, variété blanche

Gyromitra esculenta var. *alba* Pilat

Le chapeau est sphérique, irrégulier, cérébriforme, creux et mesure jusqu'à 5 cm ; il est blanc-crème ocracé clair, et en séchant, il se teinte légèrement de brun. Le pied est blanc pur, cylindrique, parcouru en surface de sillons grossiers ou de cavernes irrégulières, floconneux-verruqueux dans la partie supérieure. À l'intérieur, il présente surtout dans la partie inférieure, des cavernes irrégulières. La chair est mince, blanche, aqueuse, sans saveur particulière, avec une légère odeur de champignon. C'est une espèce relativement rare, poussant d'avril à mai, dans les forêts de conifères. Elle se rencontre surtout sous les pins en sol sablonneux. On ne dispose jusqu'à présent d'aucune donnée sur la toxicité de cette variété blanche, mais elle est sans doute tout aussi dangereuse que le Gyromitre dit comestible, et il est préférable de ne pas le consommer, bien que certains spécialistes affirment que les toxines sont éliminées par un blanchiment. Parmi les espèces printanières, on peut confondre la forme blanche du Gyromitre dit comestible avec les carpophores clairs et jeunes de la Morille ronde ou avec de jeunes Verpes de Bohême.

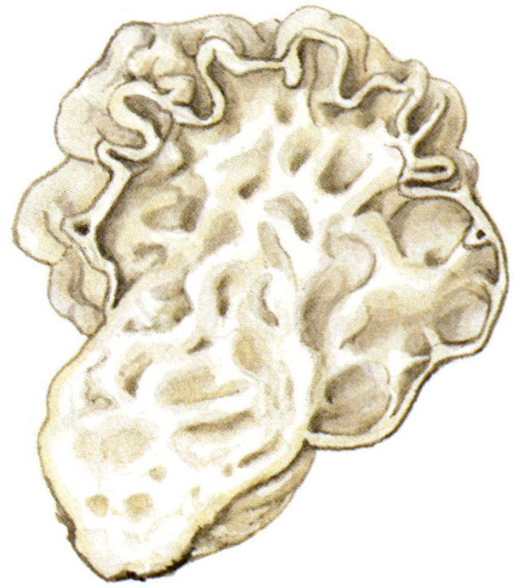

Coupe du carpophore de la variété blanche du Gyromitre comestible

Morchellacées

Morille ronde

Morchella esculenta (L.) St. Am.

Morchellacées

Verpe de Bohême

Verpa bohemica (Krombh.) Schroet.

Morille ronde
Le chapeau mesure de 4 à 9 cm de haut, il est sphérique ou ovoïde, creux, sillonné d'un réseau irrégulier de côtes qui séparent de petits alvéoles. La surface est mate, jaune blond à ocre. Le pied est cylindrique, creux, blanc, il adhère au bord du chapeau et s'élargit dans sa partie inférieure. La chair est mince, cartilagineuse, cassante, blanchâtre, d'une saveur et d'une odeur agréables mais peu marquées. Très commune, cette espèce pousse d'avril à mai, dans les bosquets, les vergers et les jardins. Elle est comestible et se différencie des Gyromitres par ses alvéoles à la surface du chapeau.

Verpe de Bohême
Le chapeau est campanulé et mesure jusqu'à 4 cm de haut; il est peu charnu, jaune ocre quand il est jeune. Il adhère au pied seulement par une petite surface à la pointe. Le pied cylindrique est souvent dissimulé dans le chapeau et ne dépasse que de quelques millimètres du bord. Avec l'âge, le chapeau devient foncé à brun et présente des côtes longitudinales lobées; le pied pousse ensuite et peut atteindre 3 cm de hauteur. La chair est blanchâtre, de saveur et d'odeur très agréables. Cette espèce pousse de mars à mai, dans les bosquets chauds de feuillus, sous les frênes, les trembles, les cerisiers. Elle est comestible et compte parmi les champignons de printemps les plus savoureux. Mais, du fait de sa rareté, il convient de la protéger. La Morille s'en distingue par le pied étroitement soudé au chapeau.

Morille ronde

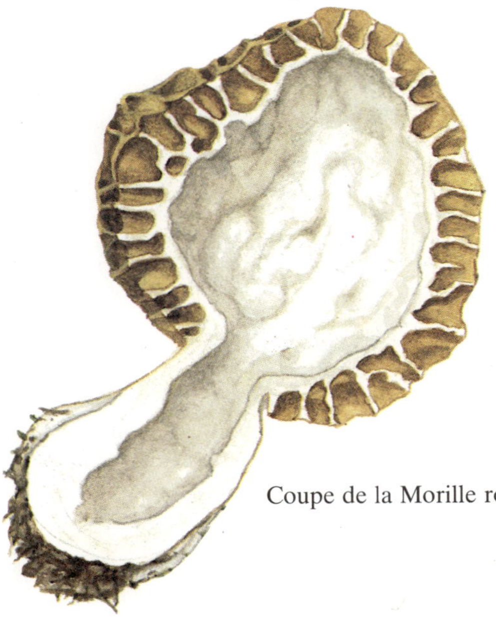

Coupe de la Morille ronde

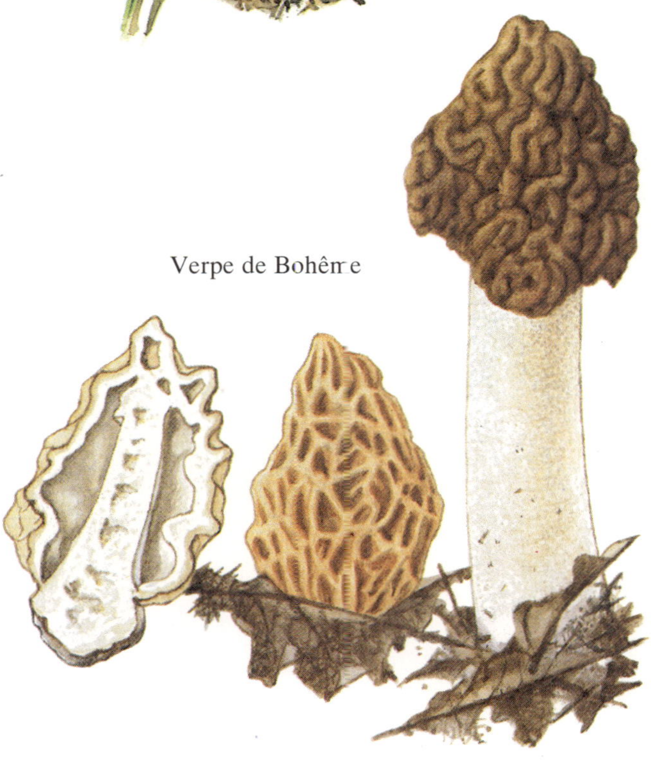

Verpe de Bohême

☠ Gyromitre fastigié

Gyromitra fastigiata (Krombh.) Rehm

Le chapeau a la forme d'une selle de cheval. Il est flexueux, nervuré, et se termine habituellement par des pointes bilobées à trilobées. Il est brun ou olive brunâtre en surface, creux, soudé au pied en bas et mesure de 6 à 12 cm de large. Le pied, de 3 à 6 cm de large, est blanchâtre, fortement sillonné, pruineux, brunâtre à la base. La chair est blanchâtre ou gris clair, mince, cassante, sans odeur ni saveur particulières. Ce Gyromitre pousse en avril et en mai, dans les forêts de feuillus, en sol calcaire, surtout sous les charmes, les chênes et les tilleuls. Ce champignon est inconnu en France et, s'il existe, il est probablement très rare. Il peut provoquer des intoxications, mais ses toxines ne sont pas encore connues. Il semblerait que les substances nocives se forment secondairement dans les carpophores âgés qui restent longtemps sur place. Il est donc préférable de ne pas réserver le Gyromitre fastigié à des fins culinaires.

Spores du Gyromitre fastigié

Gyromitre géant

Gyromitra gigas (Krombh.) Cooke

(Voir description page 23.) Ce champignon pousse sur du bois pourri, dans les forêts chaudes de feuillus et mixtes, d'avril à mai, mais n'est pas très fréquent. Il est surtout remarquable par sa précocité, car il pousse à une époque où les espèces comestibles sont plutôt rares. La comestibilité du Gyromitre géant est très controversée. En effet, des toxines à pouvoir cancérigène ont été découvertes chez ce champignon. Ceci dit, il est tout à fait possible de le consommer séché, forme sous laquelle il est inoffensif.

On différencie ce champignon du dangereux Gyromitre fastigié par l'examen microscopique des carpophores bien mûrs. Ses spores sont ellipsoïdes, allongées avec des verrues aux extrémités, lisses, hyalines, dotées de deux guttules aux pôles et d'une plus grande au centre ; elles mesurent 28–38 × 12–14 μ ; les spores mûres du Gyromitre fastigié sont ornées d'un réseau formé d'excroissances de type verruqueux à épineux.

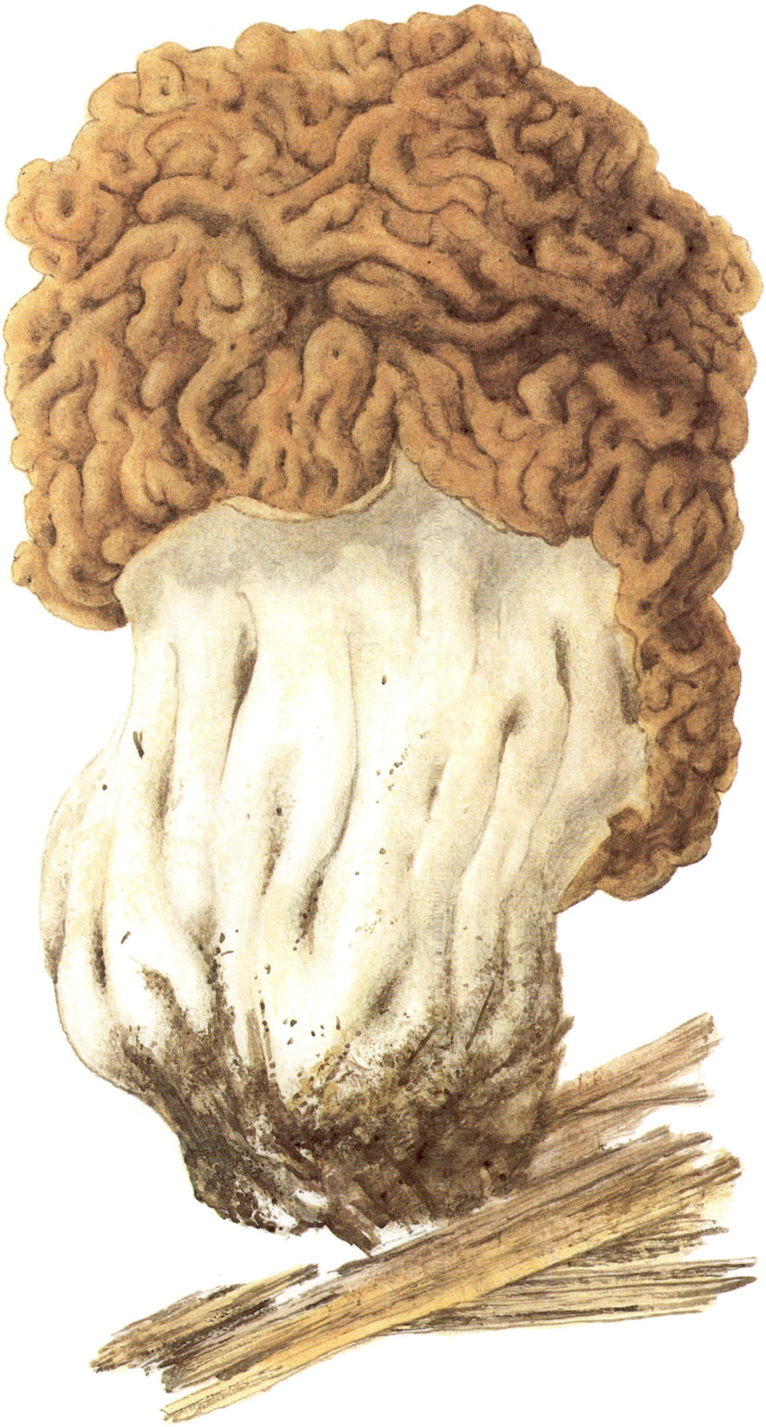

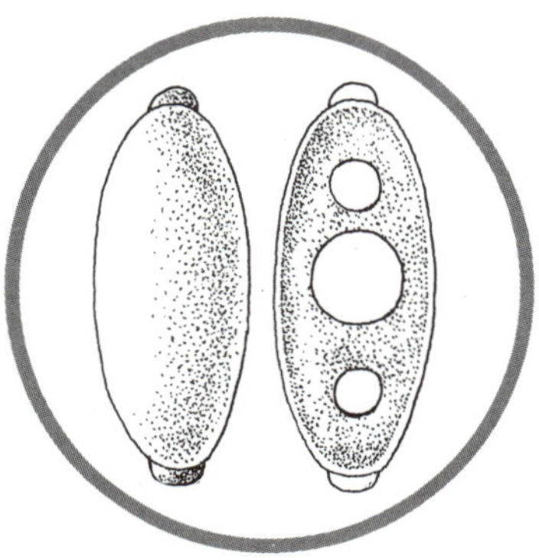

Spores du Gyromitre géant

Entolome printanière

Entoloma vernum Lund

Le chapeau mesure de 3 à 6 cm de large. Il est d'abord conique avec un mamelon marqué, puis rapidement étalé et incurvé, peu charnu, brun, rouge-brun à brun foncé par temps humide, brun fuligineux par temps sec, brillant soyeux. Les lamelles sont espacées, larges, échancrées, cassantes, gris ocracé chez les jeunes sujets, rosées à maturité des spores. Le pied est cylindrique, svelte, souvent recourbé en boucle et il présente une cannelure longitudinale. Il est creux, sec, cassant, tomenteux à la base, brun fuligineux. La chair est blanc-gris, immuable, avec une légère saveur de farine et sans odeur particulière. Cette espèce pousse isolée ou en groupes importants, d'avril à juillet, dans les prés, les bordures de champs, les bosquets et les forêts claires. Elle ne pousse jamais en cercles comme le Mousseron. Elle apparaît au printemps, alors que les champignons sont peu nombreux, et peut de ce fait être confondue avec le Marasme des Oréades ou la Collybie des cônes. Le chapeau de l'Entolome printanière peut effectivement rappeler celui du Faux-mousseron par son caractère hygrophane influant sur la coloration du chapeau. Mais l'Entolome printanière est beaucoup plus cassante, elle a des lamelles plus serrées, roses, et une odeur différente. C'est un champignon modérément toxique.

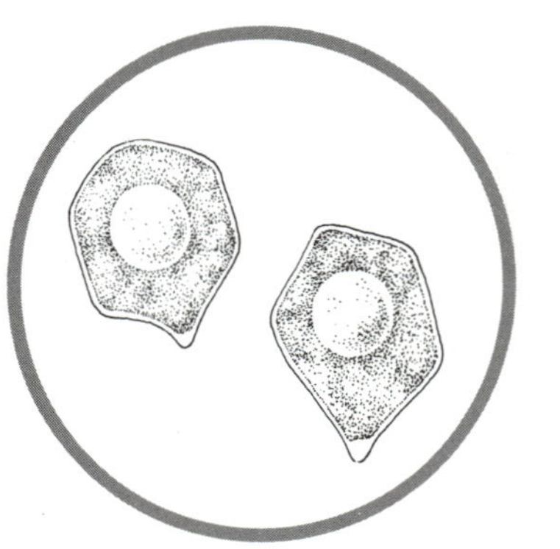

Spores de l'Entolome printanière

Tricholomatacées

Marasme faux-mousseron

Marasmius oreades (Bolt. : Fr.) Fr.

Tricholomatacées

Collybie des cônes

Strobilurus esculentus (Vulf. : Fr.) Sing.

Faux-mousseron, Marasme des Oréades
(Voir description page 33 et 73.) Il se différencie de l'Entolome printanière par la chair élastique du pied, les lamelles très espacées, l'odeur d'amande amère et des spores lisses, ellipsoïdes, mesurant 7–9 × 4–5 µ. Les spores de l'Entolome printanière sont anguleuses, rosées et mesurent 8–11 × 7–8 µ.

Collybie des cônes
Le chapeau de 1,5 à 2,5 cm est peu charnu, convexe quand il est jeune, puis étalé, gris-brun clair à brun foncé, parfaitement lisse. Les lamelles sont fines, très serrées, d'abord blanchâtres puis grises. Le pied est mince, long, lisse, velu sur la partie enterrée, ocre clair. La chair est très fine, blanchâtre, immuable de saveur agréable et d'une faible odeur de champignon. Cette Collybie est plus fréquente au début du printemps, surtout dans les forêts humides d'épicéas de la plaine à la montagne. Elle pousse sur des cônes pourrissant dans le sol et compte parmi les bons comestibles. Sur les lisières herbeuses des bois d'épicéas, elle est parfois confondue avec l'Entolome printanière, car ces deux espèces apparaissent à la même saison. Mais on peut aisément les différencier par les spores: celles de l'Entolome sont anguleuses et roses, celles de la Collybie sont lisses, ellipsoïdes et hyalines. On reconnaît les carpophores plus âgés de l'Entolome printanière à l'écartement et à la couleur des lamelles.

Marasme faux-mousseron

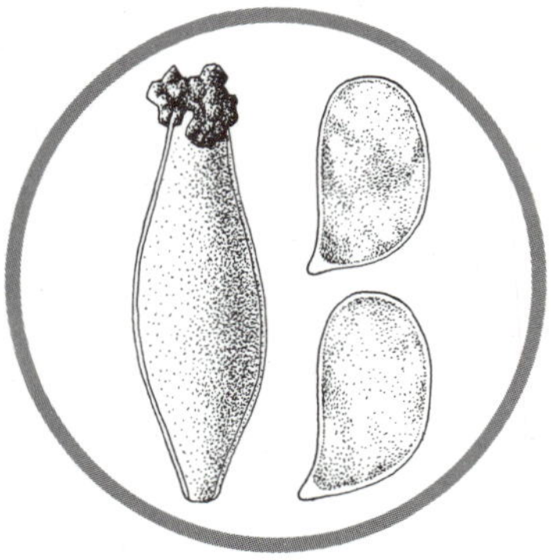

Cystide et spores de la Collybie des cônes

Collybie des cônes

☠ Inocybe de Patouillard

Cortinariacées

Inocybe patouillardi Bres.

Le chapeau, de 3 à 10 cm de large, est d'abord ovoïde, puis campanulé, souvent convexe, plus tard bien étalé avec une marge droite et un mamelon bien net à la pointe, radialement fendillé. La cuticule des jeunes spécimens est blanchâtre, fendillée et d'un brillant soyeux. Elle se tache de vermillon au toucher et avec l'âge. Les lamelles sont échancrées, serrées, d'abord blanchâtres, peu après olive grisâtre puis ocre foncé, tachées de rouge et avec une arête floconneuse blanchâtre. Le pied est cylindrique, dur, plein, d'abord blanc puis taché de rouge jusqu'à être entièrement brun-rouge, fibrilleux longitudinalement. La chair est blanche et, à la cassure, vire au rouge par endroits. Elle présente une saveur douce et une faible odeur de fruit. Ce champignon pousse de mai à juillet, dans les parcs, les jardins, les forêts de feuillus et sous les arbres isolés à feuilles caduques, surtout les tilleuls, les chênes, les hêtres et les charmes. Il préfère les stations chaudes et un sol calcaire. Lorsque les conditions sont favorables, il vient en troupes. C'est un champignon très toxique qui contient 150 fois plus de muscarine que l'Amanite tue-mouches. La dose mortelle est de 100 à 500 g de champignons frais. L'intoxication se manifeste peu après l'ingestion par une hypersécrétion salivaire, des palpitations, une sensation d'oppression dans la région du cœur et, finalement, par le ralentissement de l'activité cardiaque. Sans secours médical immédiat avec injections d'atropine, le sujet meurt. L'Inocybe de Patouillard est souvent confondu avec le Mousseron de la Saint-Georges, car les deux espèces poussent au printemps et peuvent se rencontrer dans des lieux similaires.

Jeune carpophore de l'Inocybe de Patouillard

Tricholome (Mousseron) de la Saint-Georges

Calocybe gambosa (Fr.) Donk

(Voir description page 135.) Le Mousseron de la Saint-Georges pousse en abondance d'avril à juin, surtout dans l'herbe en lisière de forêt, sur les chemins, dans les jardins et les parcs, en particulier sous les feuillus et les buissons, de la plaine à la montagne. On le rencontre aussi sur les surfaces herbeuses, les prairies et les pâturages. Il pousse également, mais plus rarement, sur sol nu et en automne. Ce bon comestible convient pour la préparation de différents mets. Les jeunes spécimens ressemblent beaucoup à l'Inocybe de Patouillard. Celui-ci est un peu plus petit, il présente rapidement des lamelles rougeâtres et se teinte de rouge brique avec l'âge et aux endroits lésés. Le Mousseron de la Saint-Georges a toujours des lamelles nettement blanchâtres, très serrées, émarginées et uncinées. Il se différencie en outre de l'Inocybe par sa forte odeur de farine.

Jeune carpophore du Tricholome de la Saint-Georges

☠ Inocybe de Godey

Cortinariacées

Inocybe godeyi Gill.

Le chapeau a un diamètre de 2 à 5 cm ; chez les sujets jeunes, il est campanulé mais non conique, plus tard largement arrondi, puis étalé avec un mamelon obtus. La cuticule est fibrilleuse-soyeuse, blanchâtre, tachée de rouge aux endroits lésés et avec l'âge, fendillée sur les bords. Les lamelles sont serrées, libres, plus tard brun olive à rouille avec une arête blanchâtre. Elles sont tachées de rouge aux endroits comprimés. Le pied est cylindrique, il n'a que 1 cm de large et présente, à la base, un bulbe net et la plupart du temps marginé. Il est fibrilleux-soyeux, couvert d'une pruine blanche, plus tard rouge carné. La chair est blanche, elle vire au rouge aux endroits lésés et avec l'âge, elle a une faible odeur de fruit (parfois aussi spermatique), mais n'a pas de saveur particulière. Ce champignon pousse de juin à septembre dans les forêts de feuillus et de conifères, en sol calcaire. Il est très fréquent, surtout sous les chênes et les charmes. Il est toxique, mais contient moins de muscarine que l'Inocybe de Patouillard. Les jeunes spécimens sont souvent confondus avec les Faux-mousserons et provoquent de légères intoxications muscariennes.

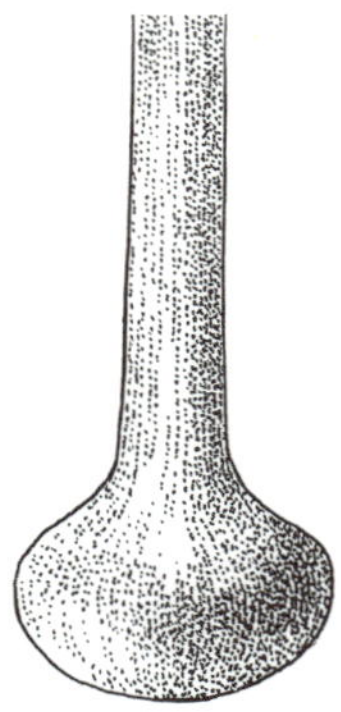

Le pied cylindrique de l'Inocybe de Godey s'achève par un bulbe marginé bien visible.

Marasme faux-mousseron

Marasmius oreades (Bolt. : Fr.) Fr.

(Voir description page 73 et 129.) On trouve le Faux-mousseron de mai à octobre dans les prés, les pâturages, en lisière des champs, dans les forêts herbeuses, en bordure des chemins, dans les jardins, mais aussi en sol nu dans les peuplements purs d'épicéas. Il pousse en cercles ou en troupes importantes, et il est abondant de la plaine à la montagne. Le Faux-mousseron est un excellent comestible qui convient particulièrement à la préparation de potages. On ne ramasse que les chapeaux car les pieds sont plutôt coriaces et indigestes. Lors de la récolte en forêt, chaque carpophore doit être déterminé avec précision. Il ne faut pas oublier que les lamelles du Faux-mousseron sont espacées, qu'il a un pied grêle et élastique et une odeur agréable d'amande amère que ne présente aucun Inocybe.

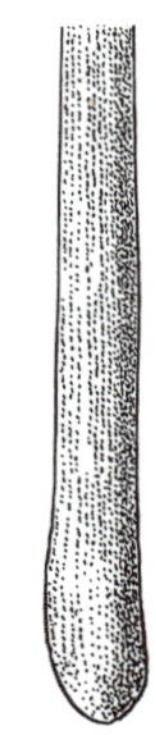

Le Faux-mousseron a un pied cylindrique, long et grêle.

☠ Pézize en couronne

Sarcosphaera coronaria (Jacq.) Schroet.

Le carpophore ressemble d'abord à une boule creuse, enfouie dans le sol, mesurant jusqu'à 12 cm de diamètre. Dès qu'il sort de la terre, il éclate au sommet et présente de 4 à 8 pointes irrégulières qui font penser à une tulipe. La face interne, fertile, est d'abord lilas, puis devient brun violacé avec l'âge. La face externe, stérile, est feutrée, blanchâtre chez les jeunes sujets, puis ocre et enfin brun-violet. La plupart du temps, le pied ne se développe pas. La chair, qui a jusqu'à 5 mm d'épaisseur, est cassante, cartilagineuse, blanche. Sans saveur marquée, elle sent faiblement le phénol. Cette espèce est rare et pousse de mai à juin, dans les forêts de conifères et mixtes, de la plaine à la montagne et, la plupart du temps, en sol glaiseux lourd. Dans ces stations elle vient en abondance. La consommation de ce très beau champignon est fortement déconseillée.

Coupe de la Pézize en couronne

Helvellacées

Grande pézize

Discina perlata (Fr.) Fr.

Morchellacées

Pézize veinée

Disciotis venosa (Pers.) Bond.

Pezizacées

Pézize vésiculeuse

Peziza vesiculosa Bull. : St. Am.

Grande pézize
Le carpophore, de 5 à 12 cm, est en forme de coupe, puis largement étalé avec l'âge, lobé, flexueux, blanchâtre en dessous, brun tabac à l'intérieur. Il pousse sur un pied court auquel il est relié par des côtes divergentes. Cette espèce commune pousse d'avril à mai, dans les forêts de conifères, directement sur les souches en décomposition. C'est un bon comestible, plus petit que la Pézize en couronne. Son carpophore ne présente d'ailleurs jamais de coloration violette.

Pézize veinée
De 6 à 20 cm, le carpophore est ocre à brun-jaune, étalé, lobé, flexueux, furfuracé et clair sur la face externe, et présentant des côtes divergentes et radicantes. Le pied est très court et très enterré. La chair est cassante, coriace, céracée, à saveur douce et à odeur de chlore. Cette Pézize, assez rare, pousse d'avril à mai, en stations chaudes et herbeuses, la plupart du temps sur des racines parasites. C'est un comestible savoureux dont l'hyménium n'est jamais violet.

Pézize vésiculeuse
Le carpophore mesure de 3 à 10 cm. Jeune, il ressemble à un petit globe fixé au sol. Mais peu à peu, une ouverture se forme au sommet, puis une coupelle ocre pâle, à parois minces, qui, avec l'âge, forme un disque flexueux. Cette espèce pousse surtout en été, sur des sols fumés et bien pourvus en déchets organiques. Elle est comestible cuite, mais toxique à l'état cru. Elle se différencie de la Pézize en couronne par l'hyménium, qui n'est jamais violet.

Grande pézize

Pézize veinée

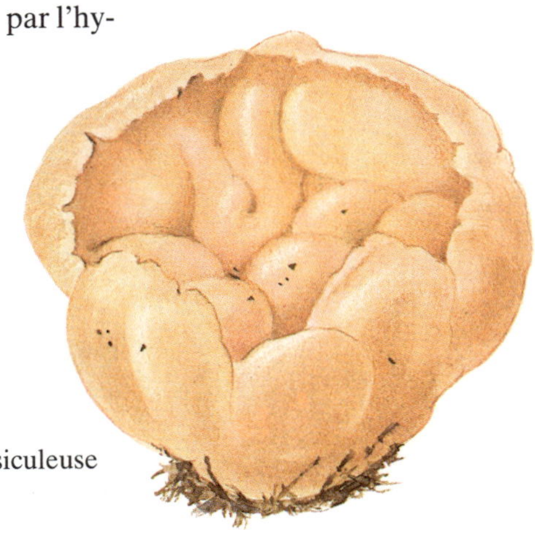

Pézize vésiculeuse

☠ Amanite jonquille

Amanita gemmata (Fr.) Gill.

Amanitacées

Le chapeau, d'un diamètre de 2,5 à 9 cm, est hémisphérique chez les jeunes spécimens, puis il s'étale, et de convexe il devient plan. Il est jaune paille ou ocre pâle se décolorant, à marge striée. La cuticule est visqueuse par temps humide, brillante par temps sec, détachable, couverte d'écailles blanchâtres, irrégulières, éparses, provenant du voile général du champignon. Les lamelles sont serrées, ventrues, libres et d'un blanc pur persistant. Le pied est droit, fragile et cylindrique. Il s'épaissit à la base en un bulbe enveloppé d'une volve basse, fugace. Au tiers supérieur du pied, on trouve un anneau ténu, pendant, blanc, membraneux. La chair est blanche, immuable, jaunâtre sous la cuticule, sans odeur marquée et d'une saveur rappelant légèrement le radis. Cette espèce pousse de juin à octobre, dans les forêts de feuillus et de conifères, de la plaine à la montagne, surtout dans les forêts de pins en sol sablonneux et sur les digues des étangs. Elle n'est pas très courante et est totalement absente de nombreuses régions. Elle compte parmi les champignons à toxicité moyenne et variable.

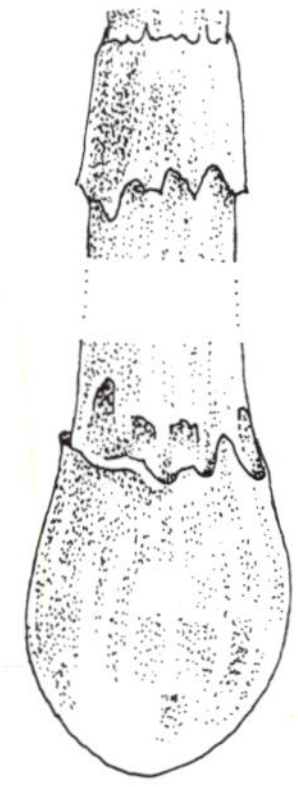

L'Amanite jonquille présente en haut du pied un anneau membraneux caduc, la partie inférieure s'achève par un bulbe épaissi engainé dans une volve fugace.

Agaric boule de neige

Agaricus arvensis Schaeff. : Fr.

Le chapeau est ovoïde chez les sujets jeunes, blanc pur, brillant soyeux, sec en surface, se tachant lentement de jaune au toucher ou en vieillissant et pouvant atteindre de 5 à 14 cm de large. Les lamelles restent longtemps pâles, puis deviennent roses et brun foncé à chocolat. Elles sont libres, serrées et, chez les jeunes spécimens, couvertes d'une membrane blanche qui, avec l'âge, se transforme en un anneau membraneux, décollé, floconneux en dessous, blanc ou jaune. Le pied est assez long, fragile, cylindrique, bulbeux à la base, creux chez les sujets âgés, blanc. La chair est blanche et sent l'anis. Elle est plus savoureuse que celle des champignons de couche. Cette espèce pousse de mai à octobre, dans les forêts de feuillus, de conifères ou mixtes en sol suffisamment humifère. On la rencontre rarement dans les prés et les jardins. Cet excellent comestible est commercialisé. Il trouve de multiples utilisations en cuisine. Les sujets âgés se différencient facilement de l'Amanite jonquille par leurs lamelles foncées, l'absence de volve à la base du pied et leur chapeau jaunissant au toucher.

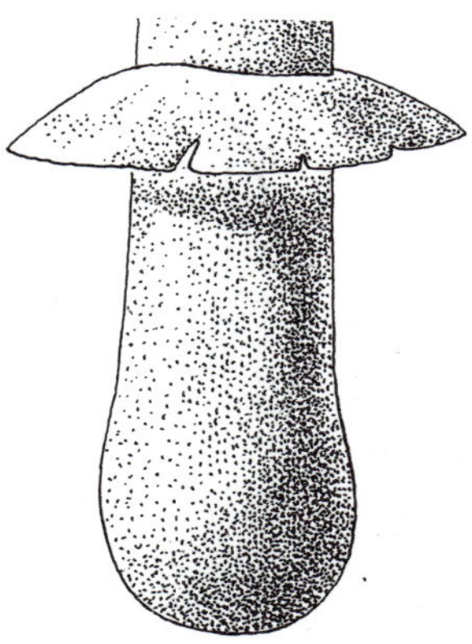

L'Agaric boule de neige porte lui aussi un anneau membraneux blanc, la base du pied est bulbeuse, mais ne présente jamais de volve.

☠ Amanite printanière

Amanita verna (Bull.) Pers.

De 6 à 12 cm, le chapeau est hémisphérique chez les jeunes sujets, puis campanulé, et convexe à étalé avec l'âge, blanc pur, brillant et soyeux, visqueux par temps humide, lisse. Les lamelles sont serrées, blanches, très peu de temps adhérentes. Le pied est cylindrique, légèrement renflé à la base. Il émerge d'une volve blanche et libre ; il est lisse, glabre et muni d'un anneau blanc et pendant dans son tiers supérieur. La chair est blanche, à odeur agréable au début, désagréable ensuite, d'une saveur excellente. L'Amanite printanière attire le ramasseur de champignons non seulement par son aspect mais aussi par son goût et son odeur. Elle est relativement rare et pousse de juin à octobre, la plupart du temps dans les forêts de feuillus à basse altitude. De nombreux spécialistes la considèrent seulement comme une variété albinos de l'Amanite phalloïde. Elle peut être aisément confondue avec quelques espèces d'Agarics et de Lépiotes. Les intoxications qu'elle provoque sont aussi graves que celles causées par l'Amanite phalloïde.

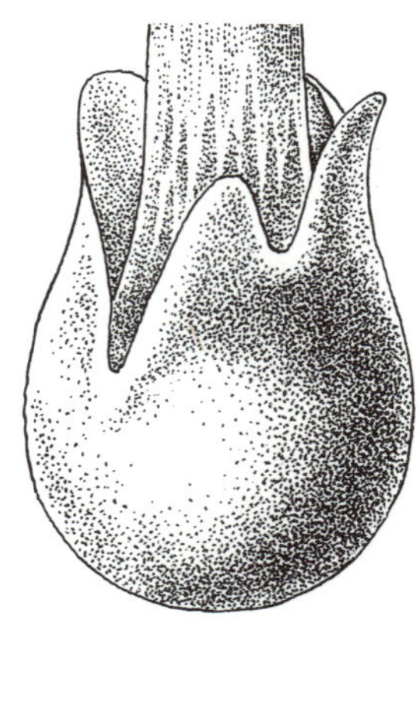

L'Amanite printanière présente une volve à lobes pointus à l'extrémité du pied.

Agaricacées

Lépiote pudique

Leucoagaricus leucothites (Vitt.) Wasser

Agaricacées

Agaric boule de neige

Agaricus arvensis Schaeff. : Fr.

Lépiote pudique
Large de 5 à 10 cm, le chapeau est blanc, duveteux quand il est jeune, plus tard lisse. Les lamelles sont blanches chez les jeunes spécimens, puis roses. L'anneau est lâche, fugace, non coulissant. Le pied est fragile, blanc lisse, creux, cylindrique. La chair est d'un blanc pur, immuable, elle a une forte odeur de fruit et une saveur agréable. L'espèce pousse d'août à octobre, dispersée dans les lieux herbeux, les champs et en lisière de forêt. Elle compte parmi les bons comestibles. On la différencie surtout de l'Amanite printanière par ses lamelles roses et l'absence de volve.

Agaric boule de neige
Le chapeau, de 5 à 14 cm de large, est d'abord ovale, puis incurvé à plan, blanchâtre ou crème, jaunâtre aux endroits comprimés. Les lamelles sont serrées, libres, longtemps claires et teintées de brun-noir avec l'âge. Le pied est cylindrique, blanc, muni d'un anneau membraneux. La chair est molle, blanche, devenant plus ou moins jaune à ocracé dans le pied. Elle a une agréable saveur de champignon et une odeur anisée marquée. L'espèce croît de mai à octobre, dans les forêts de conifères et mixtes à sol humifère, de la plaine à la montagne. Ce champignon est fort recherché et on le prépare de diverses manières. L'Agaric boule de neige se différencie de l'Amanite printanière par son absence de volve et ses lamelles qui ne restent pas longtemps blanches.

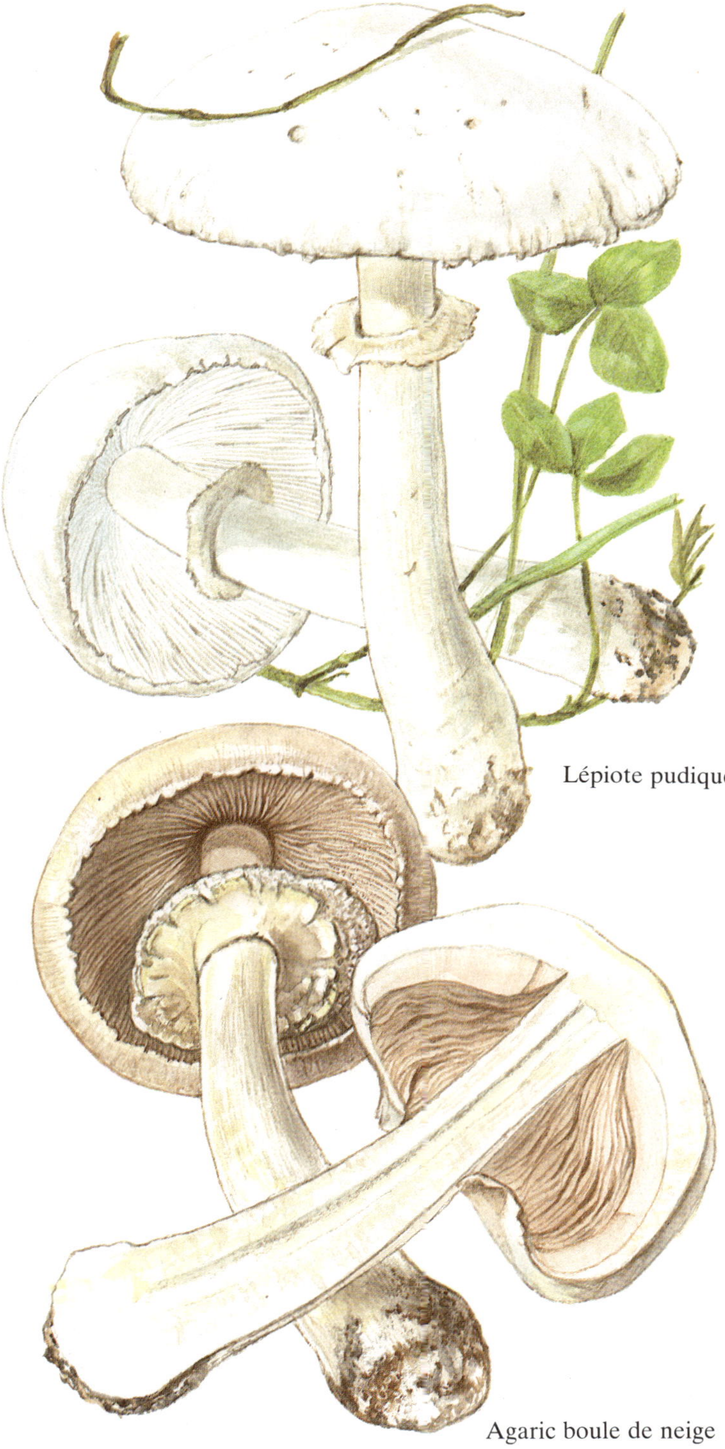

Lépiote pudique

Agaric boule de neige

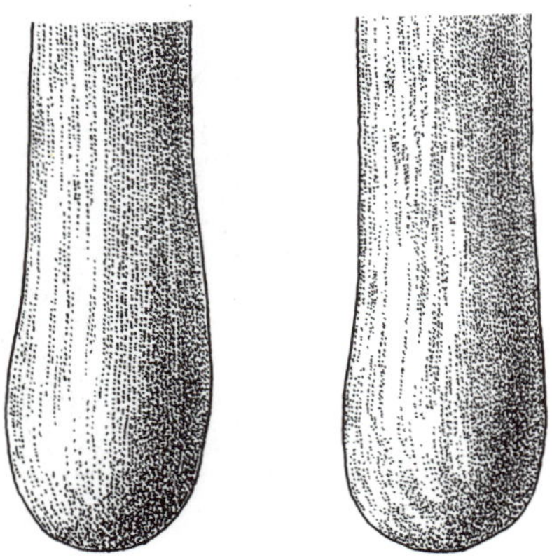

Les Lépiotes (à gauche) et les Agarics (à droite) n'ont jamais de volve.

☠ # Inocybe fastigié

Inocybe rimosa (Bull: Fr.) Kumm.

Le chapeau est large de 3 à 6 cm, étroit et conique chez les sujets jeunes, convexe et étalé plus tard avec un mamelon pointu, brun ocre à brun, avec de nettes fibrilles radiales – voire des stries –, très vite radialement fendillé, peu charnu. Les lamelles sont libres, moyennement serrées, ventrues, d'abord blanchâtres puis jaune olive à brun, avec une arête blanchâtre. Le pied est cylindrique, parfois un peu renflé à la base, plein, fibreux, blanchâtre, blanc et floconneux au sommet. La chair est assez épaisse, blanchâtre, immuable, sans saveur particulière et avec une odeur spermatique. Cette espèce est très fréquente de la plaine à la montagne, de juin à octobre, dans les forêts de feuillus et de conifères, sur les chemins forestiers et dans les fossés. Elle compte parmi les espèces toxiques à forte teneur en muscarine et peut donc provoquer de sérieuses intoxications. Ce champignon est très variable et, par conséquent, fort dangereux. On connaît des intoxications dues à des confusions avec le Faux-mousseron, la Collybie des chênes, le Clitocybe laqué et d'autres petites espèces. Lors du ramassage, il faut donc prêter attention à quelques particularités telles que l'odeur fétide, l'aspect des lamelles et la forme du chapeau, caractéristique des Inocybes.

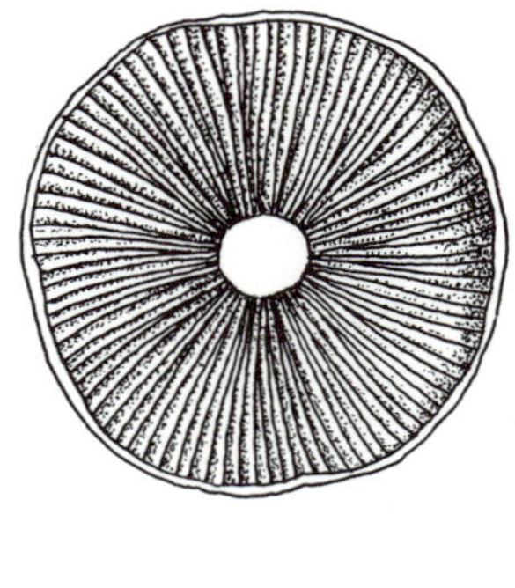

Section inférieure du chapeau de l'Inocybe fastigié

Tricholomatacées

Marasme faux-mousseron

Marasmius oreades (Bolt. : Fr.) Fr.

Tricholomatacées

Collybie des chênes

Collybia dryophila (Bull. : Fr) Kumm.

Faux-mousseron
(Voir description pages 73 et 129.) On le différencie de l'Inocybe fastigié par son odeur d'amande amère et son pied élastique.

Collybie des chênes
D'un diamètre de 2 à 4 cm, le chapeau est d'abord hémisphérique et à marge enroulée, puis étalé convexe à déprimé, à bord recourbé, ocre clair ou brun-jaune, lisse, peu charnu. Les lamelles sont très serrées, minces, adhérentes à uncinées, blanches, plus tard crème clair. Le pied est droit, grêle, tubulaire, lisse, glabre, ocre ou brun-rouge. La chair est mince, blanchâtre et immuable ; elle a une saveur et une odeur agréables de champignon. Cette espèce croît de mai à octobre, dans diverses associations végétales, de la plaine à la montagne. Elle vient en troupes nombreuses quand les conditions climatiques sont favorables. Elle convient très bien pour des préparations culinaires. On ne ramasse que les chapeaux des jeunes spécimens. La Collybie des chênes se différencie de l'Inocybe fastigié par son odeur agréable de champignon et ses lamelles très serrées.

Faux-mousseron

Collybie des chênes

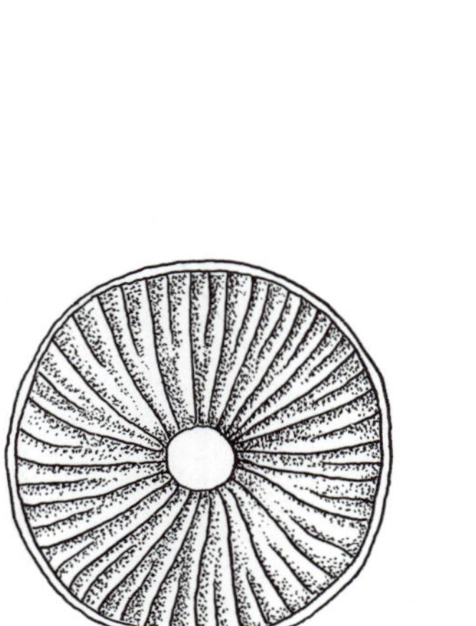

Lamelles espacées du Faux-mousseron

Lamelles très serrées chez la Collybie des chênes

☠ Entolome rose grisâtre

Entoloma rhodopolium (Fr.) Kumm.

Large de 4 à 10 cm, le chapeau est campanulé au début avec une marge enroulée, plus tard convexe à plan avec un mamelon obtus et déprimé au centre, ocre sale, brun grisâtre, difforme, fibrilleux, luisant par temps sec, visqueux par temps humide, glabre et devenant foncé. Les lamelles sont espacées, très larges, adhérentes à uncinées, d'abord blanchâtres, devenant rapidement roses et rose carné en vieillissant. Le pied est cylindrique, dur, plein et blanc soyeux. La chair est blanchâtre, immuable ; sa saveur et son odeur rappellent la farine acide. L'espèce pousse isolément de juillet à octobre, dans les forêts de feuillus, les bosquets et les jardins, la plupart du temps sous des hêtres rouges et des charmes. Elle est moins toxique que l'Entolome livide, mais provoque toutefois des troubles accompagnés de vomissements et de diarrhée. Elle ressemble fort à l'Entolome en bouclier, mais vient un peu plus tard. Comme le risque de confusion entre les deux espèces existe, il ne faut jamais ramasser l'Entolome en bouclier dans les parcs et les forêts, mais seulement dans les jardins, sous les arbres de la famille des Rosacées.

L'Entolome rose grisâtre pousse dans les forêts de feuillus, souvent sous les hêtres et les charmes.

Entolome en bouclier

Entoloma clypeatum (L. : Hook.) Kumm.

D'un diamètre de 3 à 12 cm, le chapeau est d'abord campanulé avec une marge enroulée, puis étalé à convexe avec un mamelon arrondi ; la cuticule est plus sombre et visqueuse par temps humide, brillante, blanchâtre à brun grisâtre par temps sec. Les lamelles sont espacées, larges, uncinées, d'abord blanchâtres, puis roses et rose carné en vieillissant. Le pied est cylindrique, souvent courbé, ferme, fibrilleux, blanchâtre, brillant. La chair est blanchâtre à grise, avec une saveur et une odeur de farine acide. L'Entolome en bouclier pousse d'avril à juin, dans les plantations, les parcs et les jardins sous les Rosacées (cerisiers, prunelliers, poiriers, pommiers, aubépines, etc.), la plupart du temps en grandes troupes. Certains mycologues classent ce champignon en plusieurs espèces, en fonction des arbres sous lesquels il pousse. Pour la gastronomie, cette subdivision est sans importance. Toutes ces espèces sont comestibles, mais quelques-unes sont difficiles à différencier. Il faut seulement veiller à ne pas ramasser d'Entolomes en forêt ou dans un parc sous des hêtres rouges ou des charmes, car c'est là que pousse l'Entolome rose grisâtre qui lui ressemble fort.

On ne ramasse l'Entolome en bouclier que sous les arbres et les arbustes de la famille des Rosacées.

☠ Psalliote pintade

Agaricus praeclaresquamosus Freeman

De 5 à 11 cm de diamètre, le chapeau est d'abord presque campanulé, plus tard convexe, tronqué dès le plus jeune âge, brun-gris ocracé à noir fuligineux, parfois brun argile : la cuticule éclate rapidement en écailles apprimées, régulièrement disposées comme les tuiles d'un toit, brun foncé, brun-gris à noir fuligineux. La chair qui apparaît entre les écailles est blanchâtre. Les lamelles sont presque blanches chez les jeunes spécimens et plus tard roses. Elles deviennent brun pourpre à noir lorsque les spores mûrissent et sont très serrées et libres. Le pied est cylindrique, épaissi à la base et va parfois jusqu'à présenter un bulbe marginé ; il est souvent courbé à la base. Il porte un grand anneau membraneux, fin, pendant chez les sujets âgés. La chair est blanche, assez épaisse dans le chapeau, elle vire au jaune orangé très marqué à la cassure, son odeur rappelle le phénol, sa saveur acide n'est pas désagréable. L'odeur de phénol se dégage surtout à la cuisson. Ce champignon, relativement rare, pousse de juillet à septembre, dans les forêts mixtes. Il ne convient pas pour la cuisine, car il provoque des troubles digestifs. La littérature mycologique le signale comme faiblement toxique.

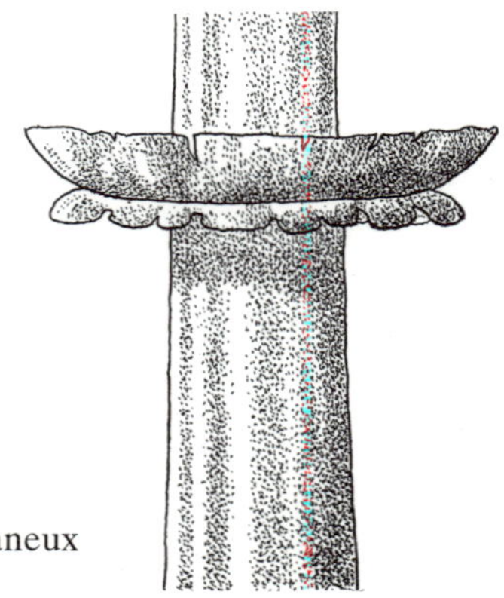

La Psalliote pintade porte un anneau membraneux fin, double au début.

Agaricacées

Lépiote déguenillée

Macrolepiota rhacodes (Vitt.) Sing.

Agaricacées

Psalliote majestueuse

Agaricus augustus Fr.

Lépiote déguenillée

Le chapeau, de 9 à 14 cm de large, est hémisphérique, plus tard convexe à plan et épais, couvert de grandes écailles brunâtres relevées. Les lamelles sont serrées, larges, blanches, et virent au rougeâtre aux endroits lésés. Le pied est cylindrique, bulbeux à la base, il se casse facilement, il est blanc chez les sujets jeunes, brunâtre avec l'âge et il est muni d'un anneau membraneux. La chair blanche vire au rougeâtre aux endroits lésés ; elle a une saveur agréable et une odeur de champignon. Cette espèce pousse en abondance de juin à octobre, dans les forêts mixtes. C'est un excellent comestible que l'on distingue sans difficulté de la Psalliote pintade grâce à ses écailles assez grandes, bien limitées, teintées de brun, et à l'odeur agréable de sa chair.

Psalliote majestueuse

Le chapeau atteint de 10 à 25 cm ; il est hémisphérique chez les jeunes spécimens, puis plan, jaune paille, couvert d'écailles apprimées et brun-roux. Les lamelles sont serrées, libres, blanc grisâtre, et brun chocolat chez les sujets âgés. Le pied est cylindrique, épais, blanc, plus tard jaune paille, fragile, doté d'un gros anneau. La chair est blanche et devient jaune brunâtre à l'air. Elle a une saveur exquise et une agréable odeur anisée. Cette espèce pousse de juillet à octobre, dans les forêts chaudes de feuillus et de conifères. Elle compte parmi les excellents comestibles à odeur forte, et c'est par celle-ci qu'elle se différencie principalement de la Psalliote pintade.

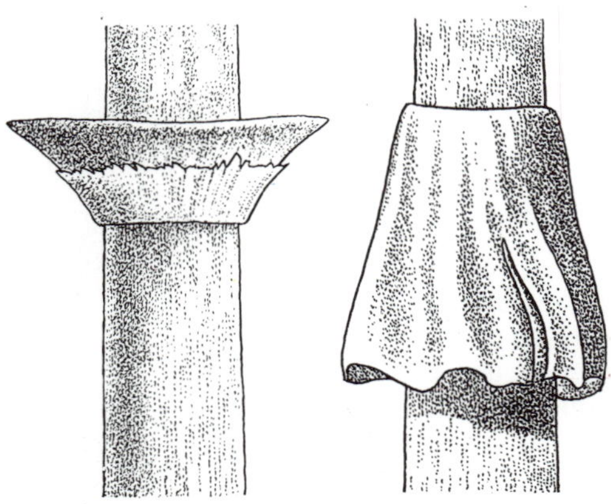

La Lépiote déguenillée a un anneau blanc, cotonneux, libre, coulissant sur le pied.
La Psalliote majestueuse a un anneau robuste membraneux et mou, glabre en haut, floconneux en bas, qui pend comme une jupe.

☠ Psalliote jaunissante

Agaricus xanthoderma Gen.

Le chapeau, de 5 à 15 cm de diamètre, est hémisphérique à ovoïde, plan chez les sujets âgés, blanchâtre, finement tomenteux, parfois éclaté en plaques, virant au jaune citron vif au toucher. Les lamelles sont serrées, libres, d'abord pâles, plus tard violet-rose et enfin terre de Sienne. Chez les jeunes spécimens, elles sont recouvertes d'un voile qui se transforme par la suite en anneau membraneux blanc. Le pied est fragile, cylindrique, il s'épaissit en bulbe sphérique à la base, il est blanc et vire au jaune citron vif au toucher. La chair est blanche, elle jaunit immédiatement à la cassure, surtout à la base. Elle a une odeur désagréable de phénol et une saveur douceâtre de tanin. Son odeur repoussante est accentuée par la cuisson. Cette espèce pousse isolément, de juin à octobre, dans les forêts de feuillus, les bosquets et les parcs. Elle apparaît souvent en sol calcaire dans les forêts d'épicéas. Elle est toxique et provoque des maux d'estomac, des vomissements et une indisposition générale.

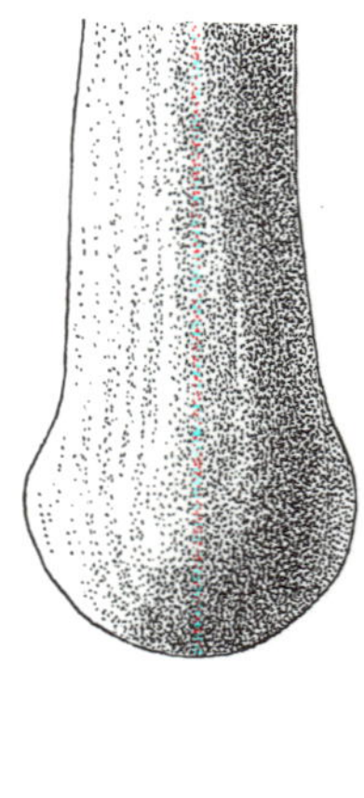

Chez la Psalliote jaunissante, la partie inférieure du pied s'élargit en un bulbe sphérique qui vire au jaune citron vif quand il est abîmé et sent le phénol.

Agaricacées

Rosé des prés

Agaricus campestris L. : Fr.

Agaricacées

Agaric boule de neige

Agaricus arvensis Schaeff. : Fr.

Rosé des prés
D'un diamètre de 4 à 12 cm, le chapeau est d'abord sphérique, à marge enroulée, puis convexe à plan, blanc, fibrilleux à soyeux, glabre, parfois avec des écailles brunâtres au sommet. Les lamelles sont serrées, échancrées, galbées, d'abord roses, puis brun foncé à maturité. Le pied est cylindrique, plein, lisse, blanchâtre, avec un anneau membraneux au tiers supérieur. La chair est blanche et vire légèrement au rose à la cassure ; elle est de saveur et d'odeur agréables. Cette espèce pousse de mai à novembre, dans les prés, les pâturages, les champs bien fumés et les chemins herbeux. Elle compte parmi les excellents champignons comestibles. Elle se différencie aisément de la Psalliote jaunissante par l'absence d'odeur de phénol.

Agaric boule de neige
De 5 à 14 cm de large, le chapeau est ovale quand il est jeune, convexe à plan à maturité, blanchâtre ou crème, jaunâtre aux endroits comprimés. Les lamelles sont serrées et ne sont jamais roses. Le pied est cylindrique, blanc, avec un anneau membraneux. La chair est blanche et molle ; elle a une saveur agréable de champignon et une nette odeur d'anis. L'Agaric boule de neige pousse en abondance de la plaine jusqu'à haute altitude, de juin à octobre, dans les forêts humifères de conifères ou mixtes. C'est un comestible recherché, qui se différencie aisément de la Psalliote jaunissante par son odeur anisée.

Rosé des prés

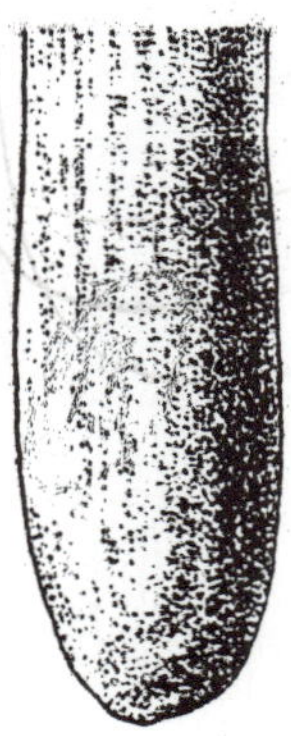

Partie inférieure du pied de l'Agaric des prés ou du Rosé des prés

Agaric boule de neige

☠ # *Panaeolus sphinctrinus*

(Fr.) Quél.

Le chapeau, large de 1,5 à 3 cm, est parabolique, longtemps campanulé, brillant, la marge à festons blancs (restes du voile) a une surface grise ou brun grisâtre. Les lamelles sont larges, d'abord grises, et, chez les spécimens âgés, tachées de noir par les spores, dont la maturité est irrégulière. Les spores forment des zones annulaires comme des mouchetures. Cette caractéristique permet de différencier ce Panéole des autres espèces. Avec l'âge, l'arête des lamelles devient blanchâtre. Le pied est très long, strié au sommet, grêle, droit, coriace, cassant, creux, pruineux, brun noirâtre. La chair est très fine, cassante, brunâtre, sans odeur ni saveur particulières. Ce champignon pousse du printemps à l'automne, la plupart du temps dans les prairies fortement fumées ou directement sur le fumier de vache ou de cheval. Il vient en troupes importantes par temps chaud après la pluie. Il est répandu depuis la plaine jusqu'en montagne et compte parmi les espèces faiblement toxiques. L'analyse chimique a détecté des traces de psilocybine, une toxine aux effets psychotropes. Le mécanisme de l'intoxication par ces champignons n'a pas encore été étudié, c'est pourquoi il vaut mieux s'abstenir de ramasser le *Panaeolus sphinctrinus*. Lors d'un ramassage rapide, il peut être confondu avec des espèces poussant dans l'herbe, surtout avec le Faux-mousseron.

Coupe du carpophore de *Panaeolus sphinctrinus*

Marasme faux-mousseron

Marasmius oreades (Bolt. : Fr.) Fr.

(Voir description pages 33, 73 et 129.) Même s'il pousse en des lieux herbeux semblables aux stations du *Panaeolus sphinctrinus,* on peut différencier les deux espèces au chapeau, aux lamelles et au pied. Chez le Faux-mousseron, les lamelles sont espacées, fauve clair et jamais mouchetées, tandis que chez le Panéole, elles sont tachetées de sombre avec l'âge et serrées. Le pied du Faux-mousseron est ferme, coriace, incassable, tandis que celui du Panéole est très long, grêle et cassant. Lorsque l'on incline le carpophore du Faux-mousseron, il se courbe sur le pied comme sur du caoutchouc, alors que le pied du *Panaeolus sphinctrinus* se casse immédiatement.

Coupe du Faux-mousseron – les lamelles sont espacées et claires (jamais mouchetées).

Amanitacées

Amanite citrine

Amanita citrina (Schaeff.) Roques

Le chapeau, de 3 à 9 cm de large, est d'abord hémisphérique, puis largement convexe, citron ou jaune verdâtre, rarement blanc, couvert de débris de voile irréguliers, brunâtres et verruqueux. Les lamelles sont libres, larges, serrées, toujours blanches. Le pied est droit, lisse, farci avec l'âge (c'est-à-dire rempli d'une espèce de moelle cotonneuse), jaune citron, avec un anneau jaune clair en son tiers supérieur, s'achevant par un grand bulbe hémisphérique nettement marginé. La chair est blanche, immuable, de saveur désagréable et d'une odeur rappelant de vieilles pommes de terre crues. Cette espèce vient en troupes, de juillet à novembre, de la plaine à la montagne, dans les forêts de conifères et mixtes. Comme elle contient de la bufoténine et divers dérivés à noyau indolique, et bien que la bufoténine soit détruite par l'estomac, elle compte parmi les champignons toxiques.

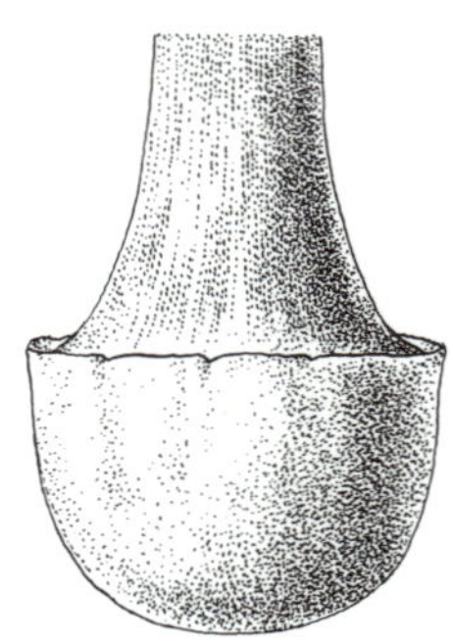

Base bulbeuse de l'Amanite citrine. Le bulbe farci est nettement marginé.

Volvaire gluante

Volvariella speciosa (Fr.) Sing.

De 6 à 12 cm de diamètre, le chapeau est sphérique campanulé chez les jeunes spécimens, étalé ensuite, avec un mamelon obtus au centre, lisse, visqueux, brillant par temps sec, blanc sale, gris à brunâtre. Les lamelles sont serrées, larges, libres, d'abord blanches puis rose chair. Le pied est cylindrique, plein, blanc, épaissi en bulbe à la base et engainé dans une volve. La chair est épaisse, blanche, immuable, sans saveur particulière et avec une odeur mielleuse de pomme de terre. Elle pousse dispersée, de mai à septembre, en des lieux fortement fumés, hors de la forêt, dans les jardins, les champs, à proximité des tas de compost et dans les parcs, de la plaine à la montagne. Elle compte parmi les espèces comestibles. Elle est surtout appréciée dans la cuisine orientale ; une espèce de Volvaire est même cultivée dans les pays du Moyen-Orient. On la différencie aisément de l'Amanite citrine par les lamelles roses des spécimens âgés, par sa volve bien développée et l'absence d'anneau.

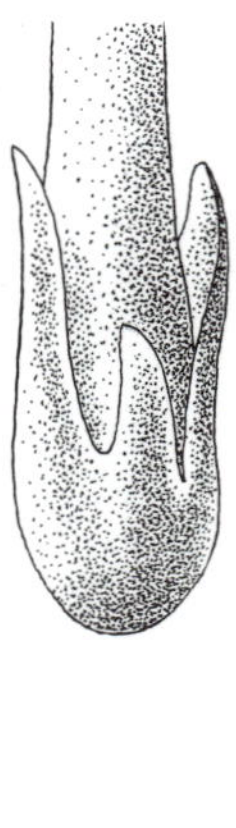

Chez la Volvaire gluante, la base du pied s'élargit en bulbe enveloppé dans une volve blanche qui disparaît avec l'âge ; si le champignon est arraché du substrat, la volve reste souvent dans le sol.

Amanite tue-mouches

Amanitacées

Amanita muscaria (L. : Fr.) Hook

Large de 5 à 20 cm, le chapeau est tout d'abord presque sphérique, puis très vite largement étalé, à marge striée, rouge-orangé ou rouge écarlate brillant, parsemé de débris du voile blancs ou jaunâtres, qui disparaissent sous une pluie persistante, laissant alors la surface lisse, visqueuse, et brillante par temps sec. Les lamelles sont blanches, libres, très serrées. Le pied est droit, cylindrique, il atteint jusqu'à 25 cm de hauteur, il a un anneau lisse, il est blanc, floconneux, élargi à la base en un bulbe globuleux couvert de plusieurs couronnes de verrues blanchâtres. La chair est blanche, immuable, orange sous la cuticule, d'une saveur suave de noix et sans odeur particulière. Elle pousse de fin juin à octobre, dans les forêts mixtes. Cette Amanite compte parmi les espèces toxiques, et elle peut provoquer des troubles psychiques par les dérivés isoxazolés (acide iboténique, muximol...) qu'elle contient. Des confusions sont possibles avec l'Oronge et la Golmotte et, dans le cas de jeunes spécimens, également avec quelques Lycoperdons, quand les carpophores sont sphériques et encore enveloppés par le voile général. Mais il est facile de les distinguer des Lycoperdons : il suffit de couper le carpophore. Si celui-ci est blanc pur, de la consistance du fromage blanc, sans la moindre esquisse de pied, de lamelles et de cuticule orange au sommet, il s'agit bien d'une espèce de Lycoperdon.

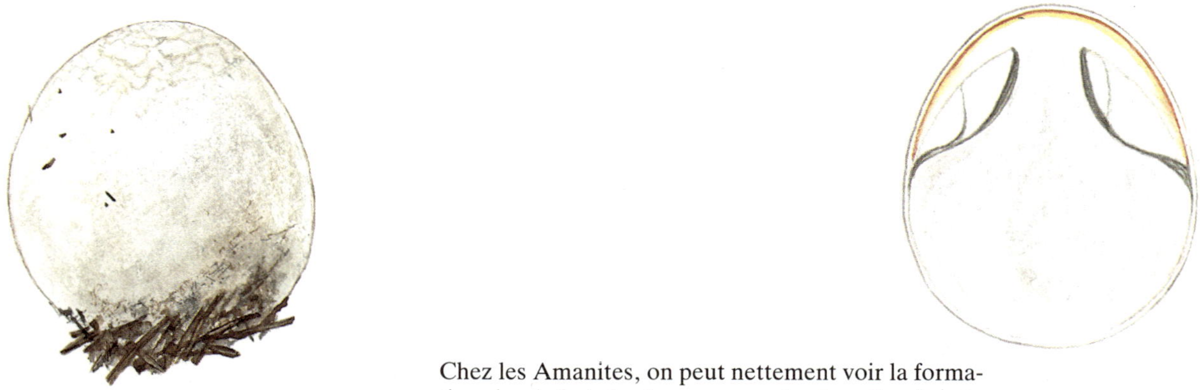

Chez les Amanites, on peut nettement voir la formation du pied et du chapeau avec les lamelles dans la coupe des jeunes carpophores ; chez l'Amanite tue-mouches, la chair est toujours orange au sommet de l'enveloppe extérieure.

Amanitacées

Amanite des Césars

Amanita caesarea (Scop. : Fr.) Grev.

Amanitacées

Amanite vineuse

Amanita rubescens (Pers. : Fr.) SF Gray

Amanite des Césars ou **Oronge**
Plus rare, ce champignon pousse en été, dans les forêts chaudes de feuillus. Son chapeau est rouge orangé et glabre. Les lamelles et le pied sont d'un magnifique jaune d'or, la chair jaunâtre a une saveur agréable, mais pas d'odeur particulière. Le pied est toujours enveloppé à la base d'une grande volve blanche. L'histoire antique atteste de l'utilisation de l'Amanite des Césars à des fins culinaires. On prétend qu'elle ne devait pas manquer sur la table des patriciens romains. De nos jours, elle mériterait plutôt d'être protégée, car elle devient de plus en plus rare dans les forêts. On la différencie aisément de l'Amanite tue-mouches par ses lamelles et son pied jaune d'or.

Amanite vineuse ou **Golmotte**
(Voir description page 55.) Depuis les dernières décennies, la Golmotte compte parmi les espèces savoureuses recherchées. Mais il faut savoir que crue elle est toxique. On ne peut la confondre avec l'Amanite tue-mouches que si l'on se trouve en présence d'un carpophore décoloré d'Amanite. Sinon, la cuticule de la Golmotte, n'est pas particulièrement rouge, mais plutôt rose à chair claire. On reconnaît aussi avec certitude l'Amanite vineuse à la teinte rougeâtre (vineuse) de la base du pied, coloration particulièrement nette quand le champignon est attaqué par les insectes.

Oronge

Amanite vineuse

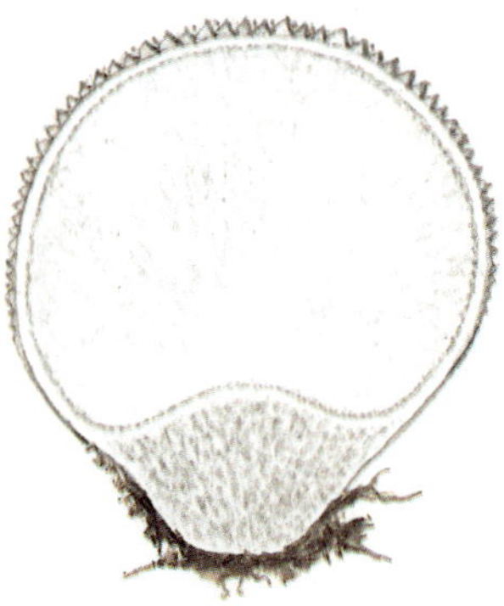

À la coupe, les Lycoperdons ont une texture de fromage blanc.

Vesse-de-loup perlée

☠ Amanite panthère

Amanitacées

Amanita pantherina (DC. : Fr.) Krombh.

Le chapeau, de 4 à 10 cm de large, est d'abord globuleux, puis convexe, largement bombé jusqu'à étalé, grisâtre, brun-gris, brun-jaune à brun olive, à marge nettement striée et avec de petites écailles blanchâtres disposées en cercles concentriques. Après une pluie persistante, la surface du chapeau est glabre. Les lamelles sont serrées, blanches, ventrues, libres. Le pied est fragile, cylindrique, droit, blanc, avec un anneau lisse et blanc, pendant et flasque chez les spécimens âgés, qui finit par disparaître. La partie inférieure du pied s'épaissit en un bulbe bordé par un bourrelet blanc, au-dessus duquel on trouve encore d'autres anneaux blancs hélicoïdaux. La chair est blanche, immuable, d'une saveur et d'une odeur nulles ou faibles de pomme de terre et désagréablement suaves chez les vieux champignons. Elle pousse de juillet à octobre, dans les forêts de feuillus et de conifères, en lisière de forêt et sous des arbres isolés. Par endroits, surtout dans les régions chaudes, on peut la trouver en abondance. L'Amanite panthère peut provoquer des intoxications dues à des dérivés isoxazolés (acide iboténique, muximol) ayant de graves conséquences, même après ingestion de quantités minimes de champignon.

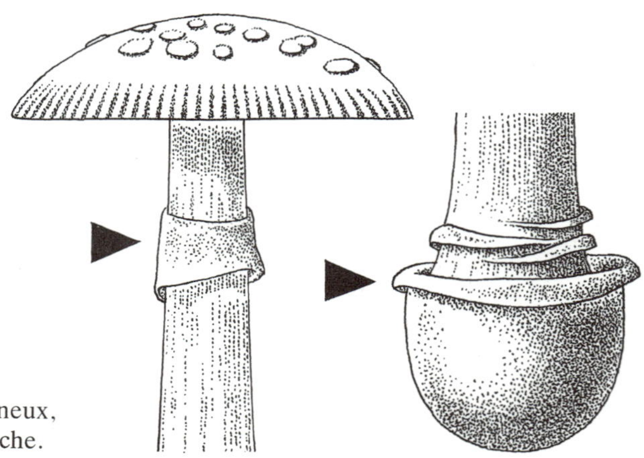

L'Amanite panthère a un anneau membraneux, non strié, et un pied bulbeux à marge blanche.

Amanite vineuse ou Golmotte

Amanita rubescens (Pers : Fr.) SF Gray

De 4 à 18 cm de diamètre, le chapeau est d'abord hémisphérique, puis convexe à plan, avec une cuticule facilement détachable, de teinte rose chair, se décolorant, avec de nombreux lambeaux blanchâtres provenant du voile qui enveloppait le jeune carpophore. Par temps de pluie, la surface du chapeau est glabre et légèrement visqueuse. Les lamelles sont libres, cassantes, blanches, tachées de rougeâtre avec l'âge et virant au rose aux endroits lésés. Le pied est cylindrique, fragile, blanc au sommet, rose en bas, glabre ou floconneux, plein, fistuleux à l'âge adulte, bulbeux à la base avec plusieurs couronnes de petites verrues. Chez les spécimens jeunes, les lamelles sont recouvertes d'un voile blanc. Lorsque le chapeau s'étale, ce voile se déchire, ce qui explique la présence de stries caractéristiques sur l'anneau. Cet anneau reste sur le pied, même chez les spécimens âgés. La chair est blanche et devient vineuse aux endroits lésés. Les endroits attaqués par les larves d'insectes sont roses. La chair a une agréable saveur de champignon, faiblement suave : elle est sans odeur particulière. Cette espèce pousse en abondance de juin à novembre, dans toutes les forêts, de la plaine à la montagne. C'est un excellent comestible qui peut être utilisé de multiples façons à condition, cependant, de ne pas le consommer cru, état dans lequel il est toxique. On le nomme parfois la perle de la gastronomie. On différencie nettement la Golmotte de l'Amanite panthère par son anneau strié caractéristique.

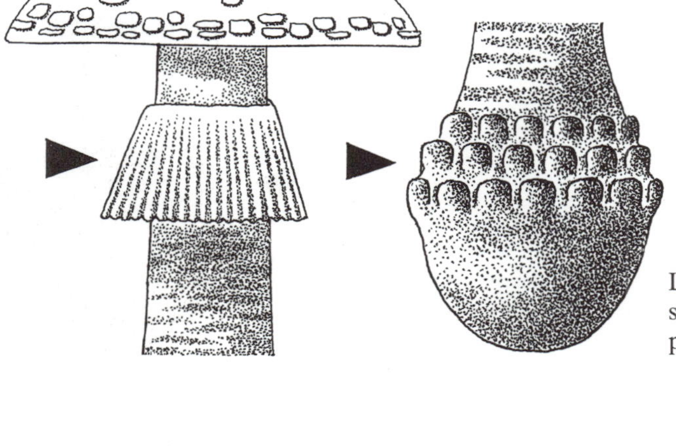

L'Amanite vineuse présente un anneau nettement strié et un bulbe orné de plusieurs couronnes de petites verrues.

☠ Amanite phalloïde

Amanita phalloides (Fr.) Link

Elle compte parmi les champignons les plus toxiques. Elle pousse la plupart du temps de juillet à octobre, surtout dans les forêts de feuillus ou mixtes. Les années favorables, on la trouve de mai à novembre. Exceptionnellement, elle vient aussi dans les plantations d'épicéas créées après une coupe de feuillus. On la trouve également en dehors de la forêt, par exemple au milieu d'un parc où ne se dresse qu'un chêne isolé. Deux caractères importants permettent de reconnaître l'Amanite phalloïde en toute sécurité : la base bulbeuse du pied et la volve membraneuse, bien détachée, qui enveloppe la partie inférieure du pied comme un bas. La volve blanche, dont la marge supérieure présente des pointes, est un reste du voile général qui enveloppait tout le carpophore au stade jeune. Quand le champignon grandit, ce voile se déchire et le chapeau en émerge sans qu'aucun débris de l'enveloppe ne reste sur lui sous forme d'écailles, comme cela se produit pour d'autres espèces d'Amanites. Pour déterminer l'Amanite phalloïde et des espèces voisines, il faut absolument détacher, avec prudence, tout le carpophore de son substrat, sinon le pied s'arrache et le bulbe et sa volve restent dans le sol.

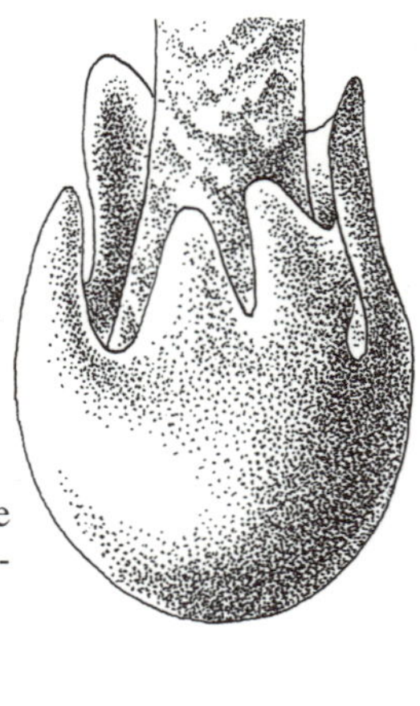

La base du pied de l'Amanite phalloïde est engainée dans une grande volve membraneuse, traditionnellement appelée «calice de la mort» en Allemagne.

Russulacées

Russule verdoyante

Russula virescens (Schaeff.) Fr.

Russulacées

Russule vert-de-gris

Russula aeruginea Lindbl. in Fr.

Russule verdoyante

Large de 6 à 14 cm, le chapeau est hémisphérique, longtemps convexe, étalé et déprimé avec l'âge. La cuticule est sèche, non détachable, veloutée, gercée à granulée sur les bords, déchirée par champs sur les spécimens adultes, d'abord blanchâtre puis vert cuivré, pâlissant avec l'âge et se teintant de taches rouille. Les lamelles sont ventrues, blanches, serrées, crème à maturité. Le pied est robuste, droit, ferme, blanc, il se teinte de rouille en vieillissant. La chair est blanche, d'une délicate saveur de noix et d'une agréable odeur de fruit. Elle pousse de juin à octobre, dans tous les types de forêts, surtout sous les feuillus. Cette espèce compte parmi les excellents comestibles.

Russule vert-de-gris

Le chapeau, de 3 à 10 cm de diamètre, est d'abord hémisphérique, plus tard plan, déprimé, vert ou vert olive, brunâtre au centre, peu charnu, glabre, visqueux par temps humide, sa cuticule s'enlève facilement. Les lamelles sont serrées, ventrues, cassantes, blanches, jaune paille à rouille en vieillissant. Le pied est cylindrique, fragile, blanc, rouille en bas, farci avec l'âge. La chair est blanche, elle vire au rouille avec l'âge, elle est sans odeur particulière et d'une saveur douce à légèrement âcre. Cette âcreté disparaît à la cuisson. À l'état cru, elle serait émétique. Elle pousse en abondance, en été et en automne, sous les bouleaux et les épicéas, en sol acide, sur les chemins forestiers et sous des arbres isolés. Ces deux Russules, la verdoyante et la vert-de-gris, se différencient aisément de l'Amanite phalloïde par l'absence de volve et d'anneau.

Russule verdoyante

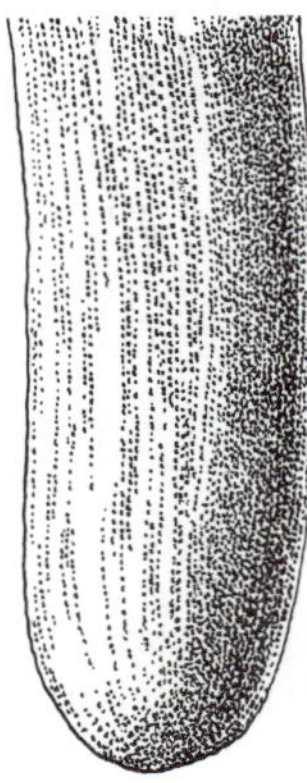

Ni la Russule verdoyante ni la Russule vert-de-gris n'ont de volve.

Russule vert-de-gris

☠ Amanite phalloïde

Amanita phalloides (Fr.) Link

Le chapeau est vert-jaune verdâtre, vert ou jaunâtre délavé à blanchâtre, en général totalement lisse dès le plus jeune âge. La coloration est variable. De nombreux carpophores sont vert olive, certains vert grisâtre, d'autres jusqu'à jaune citron. Jeune, le chapeau est ovoïde, plus tard campanulé, finalement plan et il atteint de 7 à 15 cm de diamètre. Les lamelles sont toujours blanches, serrées et très larges, renflées et ventrues près du pied. Elles ne prennent jamais une coloration foncée. Chez les jeunes sujets, les lamelles sont couvertes d'une fine membrane qui relie le bord du chapeau à la partie supérieure du pied. Cette membrane ne se détache de la marge qu'au cours de la croissance et de l'élargissement du chapeau. Ses débris forment alors un anneau blanc et lâche. Le pied est svelte, blanc, vert, jaune ou gris, avec une surface écailleuse et donc zébrée. Il s'achève par un gros bulbe globuleux qui est toujours engainé dans une volve blanche, à demi libre, montant très haut et dont la marge présente des lobes pointus. La chair est d'un blanc pur persistant, faiblement ocracée sous la cuticule, immuable, d'une saveur agréable et douceâtre, avec une faible odeur de pomme de terre. Séché, ce champignon a une odeur suave entêtante de fleurs fanées ou de fromage avancé. Une confusion avec le Tricholome équestre ou l'Agaric boule de neige est fatale car l'Amanite phalloïde est mortelle.

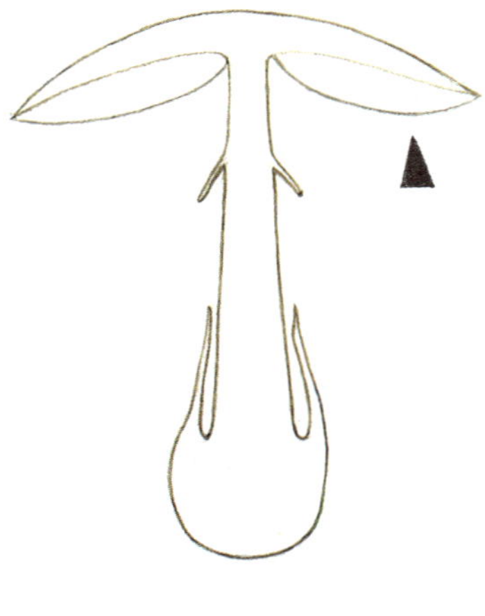

La coupe d'un carpophore de l'Amanite phalloïde montre les lamelles blanches, la volve et l'anneau.

Tricholomatacées

Tricholome équestre

Tricholoma equestre (L. : Fr.) Kumm.

Agaricacées

Agaric boule de neige

Agaricus arvensis Schaeff. : Fr.

Tricholome équestre

Le chapeau mesure de 3 à 9 cm de large et est d'abord convexe avec une marge enroulée puis convexe à plan et bien flexueux à l'âge adulte, brun jaunâtre à jaune-vert, visqueux par temps humide. Les lamelles sont émarginées à uncinées, jaune soufre. Le pied est cylindrique, finement fibrilleux, jaune soufre. La chair est blanchâtre, elle sent la farine fraîche et a une saveur douce de noix. Ce champignon pousse en automne, dans les bois de pins en terrain sablonneux et par endroits il vient en abondance. Il compte parmi les champignons d'automne très savoureux. Cette espèce se différencie de l'Amanite phalloïde par ses lamelles jaunes.

Tricholome équestre

Agaric boule de neige

D'un diamètre de 5 à 14 cm, le chapeau est d'abord conique, puis vite largement convexe, enfin étalé à plan : la cuticule est lisse, glabre, brillante soyeuse, blanche, elle jaunit au toucher et en vieillissant, et va jusqu'à prendre les colorations propres aux carpophores les plus clairs de l'Amanite phalloïde. Les lamelles sont d'abord pâles, plus tard gris clair, chocolat et enfin noir brunâtre. Le pied est cylindrique, creux, blanc, et il s'épaissit en un petit bulbe ; il porte un anneau sous les lamelles. La chair est humide, blanche, avec une agréable odeur d'anis et une saveur douce de champignon. Lors du ramassage, il faut faire attention à la coloration des lamelles (chez l'Amanite phalloïde, elles restent blanches jusqu'à la fin).

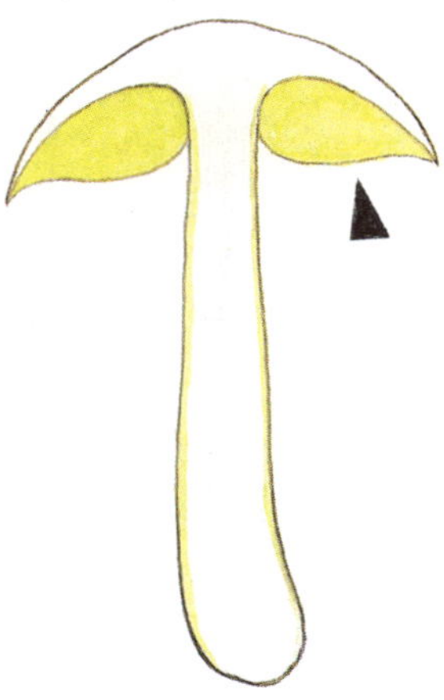

Le Tricholome équestre n'a ni volve ni anneau et ses lamelles sont jaunes.

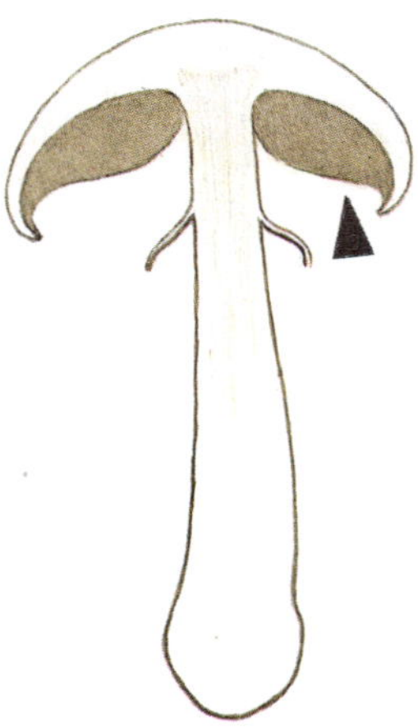

L'Agaric boule de neige a un anneau mais pas de volve ; ses lamelles sont brunes et roses quand il est jeune.

Agaric boule de neige

☠ Amanite phalloïde

Amanita phalloides (Fr.) Link

Nous avons indiqué les caractères botaniques de l'Amanite phalloïde et les principes essentiels de sa détermination (voir aussi les illustrations). Mais comme il s'agit d'un champignon toxique extrêmement dangereux qui a déjà fait de très nombreuses victimes, il est bon de répéter les caractères principaux qui permettent de l'identifier avec certitude. La teinte du chapeau est très variable : elle va du jaune-vert, vert olive, brun verdâtre jusqu'au blanc des formes albinos. Les lamelles sont toujours blanc pur. Le pied s'achève par un gros bulbe globuleux, mou, engainé dans une volve haute, libre, à lobes pointus très nets. Au tout début de son développement, le carpophore entier est entouré par une enveloppe blanche et il ressemble à un œuf. À ce moment, l'Amanite phalloïde peut être facilement confondue avec quelques espèces de Lycoperdons ou de jeunes Volvaires. Le carpophore clair plus âgé de l'Amanite phalloïde est, quant à lui, souvent confondu avec des Lépiotes.

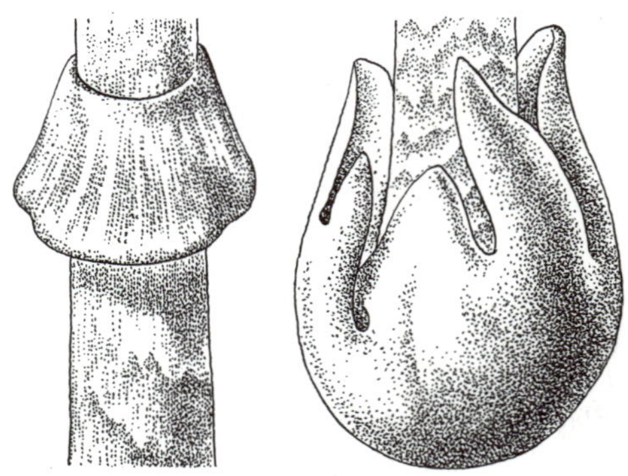

Le pied de l'Amanite phalloïde présente un anneau et une volve membraneuse, à lobes pointus, très nette.

Lépiote élevée ou **Coulemelle**

Macrolepiota procera (Scop. : Fr) Sing

Le chapeau a un diamètre de 10 à 30 cm ; il est fusiforme quand il est jeune, entièrement brunâtre, plus tard étalé avec un mamelon central et couvert de grandes écailles brunâtres feutrées, retroussées. Les lamelles sont serrées, libres, ventrues, très larges, écartées du pied, blanches. Le pied atteint 40 cm de haut, il est fragile, plus fin au sommet, terminé par un bulbe plat, creux, entièrement brun clair quand il est jeune, zébré transversalement de petites écailles à l'âge adulte, remarquablement fibreux. Le tiers supérieur du pied porte un grand anneau membraneux, blanc, coulissant, à double bord. La chair est humide chez les jeunes spécimens, rapidement molle dans le chapeau, coriace et fibreuse dans le pied, toujours blanche, d'une délicate saveur de champignon et d'une odeur agréablement suave. Elle pousse de juillet à octobre, en lisière de toutes les forêts chaudes, sur les chemins forestiers et dans l'herbe des clairières où elle atteint une taille particulièrement élevée. Elle compte parmi les plus grands champignons à lamelles. Il est surprenant que des ramasseurs de champignons confondent souvent cette imposante espèce avec l'Amanite phalloïde mortelle, bien que la Coulemelle présente des écailles à la surface du chapeau et que le bulbe de son pied ne soit jamais engainé dans une volve.

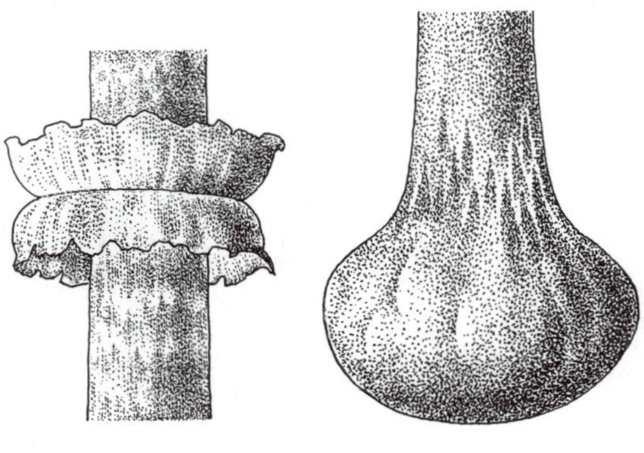

La Lépiote élevée porte un anneau coulissant sur le pied, mais ne sort jamais d'une volve.

Jeune carpophore de Lépiote élevée

☠ Amanite royale

Amanita regalis (Fr.) Michael

Large de 7 à 20 cm, le chapeau est d'abord globuleux, ensuite convexe puis étalé à plan chez les spécimens adultes, d'une couleur de foie, brun-rouge à brun noisette, couvert de taches serrées jaunâtres à ocracé clair et disposées en cercles concentriques, visqueux par temps humide, brillant par temps sec, peu charnu, à marge striée à maturité. Les lamelles sont serrées, libres, blanches, ombrées de jaunâtre crème. Le pied est plein, épais, fragile, renflé à la base en un bulbe globuleux couvert de plusieurs anneaux de petites verrues jaunâtres. La surface du pied n'est pas blanche mais légèrement jaune. Le voile qui couvre les lamelles dans le jeune âge est membraneux et ocre jaune; avec l'âge il se transforme en un grand anneau dans les tons ocracés avec souvent quelques grosses verrues sur le bord. La chair est blanchâtre, faiblement jaunâtre dans le pied, jusqu'à jaune d'or sous la cuticule, immuable, d'une agréable et douce saveur de noix et sans odeur particulière. Relativement rare, cette espèce pousse de juillet à octobre, dans les bois d'épicéas de moyenne et haute montagne. On ne la ramassera pas, car elle contient des toxines identiques à celles de l'Amanite tue-mouches.

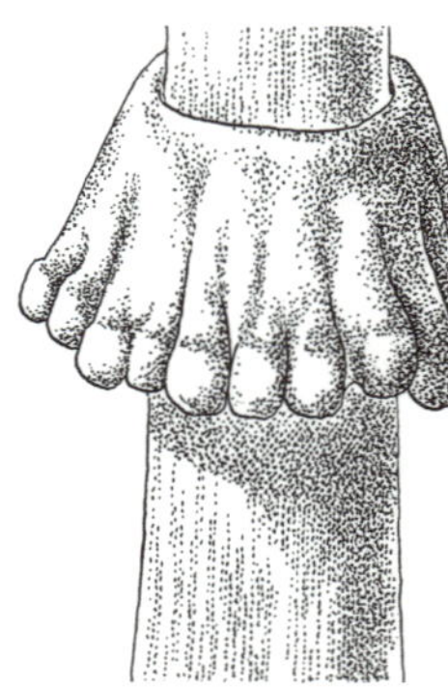

L'Amanite royale possède un gros anneau ocre avec quelques verrues sur le bord.

Amanitacées

Amanite vineuse ou Golmotte

Amanita rubescens (Pers. : Fr.) SF Gray

Amanitacées

Amanite épaisse

Amanita spissa (Fr.) Opiz

Amanite vineuse

(Voir description page 55.) Nous ne redonnons ici que les caractéristiques permettant de l'identifier sans erreur. Le chapeau mesure de 4 à 18 cm ; la cuticule, rosâtre, rougissante et aisément détachable, présente des débris blanchâtres du voile général. Les lamelles sont blanches, tachetées de rougeâtre avec l'âge, virant au rose aux endroits lésés. Le pied est blanchâtre en haut, rougeâtre à la base, bulbeux et muni de quelques anneaux de petites verrues. Le tiers supérieur du pied porte un grand anneau blanchâtre avec des stries bien nettes. On différencie surtout la Golmotte de l'Amanite royale par la surface rose carné ou brun-rouge clair du chapeau et la chair du pied virant au rose à la base.

Amanite épaisse

Le chapeau, de 5 à 12 cm de large, est globuleux à l'état jeune, plus tard convexe à plan, gris ou brun-gris, épais avec des plaques blanchâtres. Les lamelles sont serrées, blanches, libres. Le pied est cylindrique et s'achève en bas par un bulbe conique ; le tiers supérieur porte un anneau blanchâtre à stries serrées. La chair est blanche, immuable, avec une saveur et une odeur de rave. Elle pousse en abondance, en été et en automne, dans toutes les forêts et aussi pendant les périodes de sécheresse. Ce champignon est comestible, mais peu ramassé en raison de son goût spécifique. On le différencie aisément de l'Amanite royale par son anneau strié et l'odeur de rave de sa chair.

Amanite vineuse

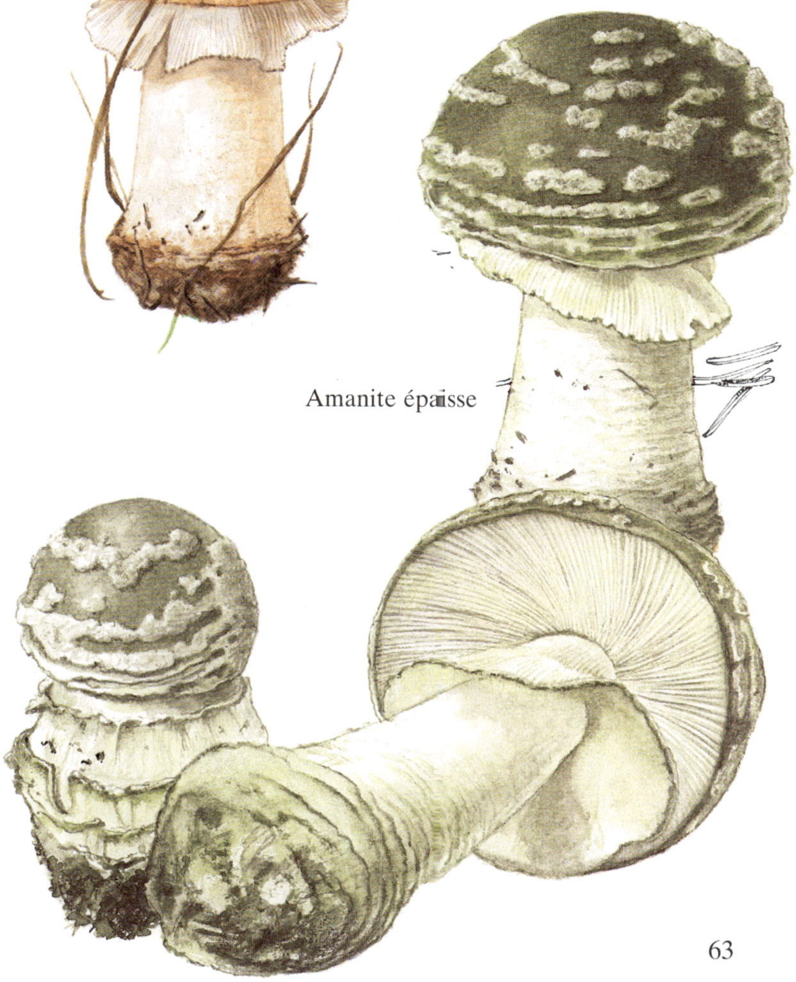

Amanite épaisse

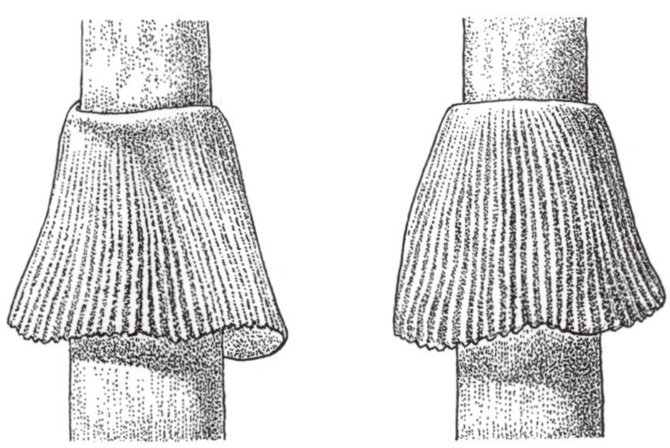

Chez l'Amanite vineuse et l'Amanite épaisse, l'anneau est nettement strié.

Bolet à beau pied

Boletus calopus Fr.

Le chapeau, de 4 à 15 cm, est au début hémisphérique, plus tard convexe, puis pulviné, finement tomenteux dans le jeune âge, glabre à la maturité, brun pâle, gris olive ou brun ocre ; la marge reste longtemps enroulée et irrégulièrement ondulée. Les tubes sont jaunes, émarginés, virent au bleu au toucher. Les pores sont petits, jaune citron vif. Le pied est ventru au début, plus tard en massue, jaune au sommet, couvert d'un fin réseau blanc, ailleurs rouge carmin avec un réseau rouge chair remarquable dont les mailles s'élargissent vers la base brunâtre. La chair est dure, blanchâtre, elle vire au bleu à la cassure et prend des tonalités jaune sale ; elle a une odeur acide désagréable et une saveur amère repoussante. Cette espèce pousse en été et en automne, essentiellement dans les forêts de conifères de basse montagne. En zone collinaire, elle vient sous les hêtres ; on la trouve jusque dans les régions montagneuses. Par son aspect extérieur, elle compte parmi les beaux champignons à tubes, mais son amertume la rend immangeable. Elle est légèrement toxique, car elle provoque des troubles digestifs et des vomissements. Elle est souvent confondue avec le Bolet satan, le Bolet blafard et le Bolet à pied rouge.

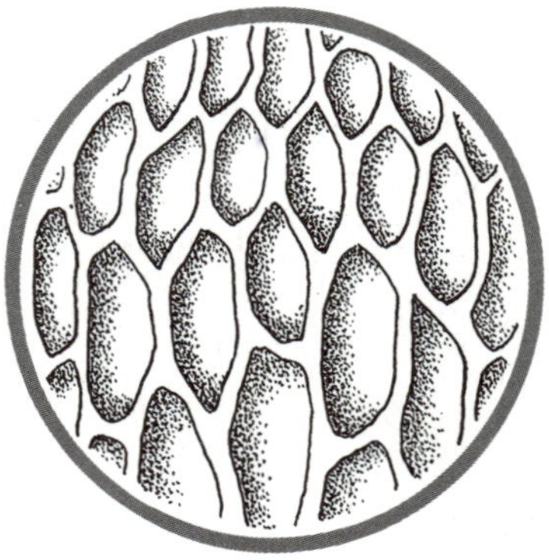

Le Bolet à beau pied présente un beau réseau blanc sur fond jaune en haut du pied et un réseau rouge chair sur fond carmin en bas.

Boletacées

Bolet blafard

Boletus luridus Schaeff. : Fr.

Boletacées

Bolet à pied rouge

Boletus erythropus (Fr. : Fr.) Pers.

Bolet blafard
De 5 à 16 cm, le chapeau est d'abord hémisphérique, plus tard convexe et étalé à pulviné chez les sujets âgés, ocre olivâtre, jaune-orangé, comme velouté, sec. Il vire au bleu vif ou bleu foncé au toucher. Le pied est cylindrique, en forme de massue à la base, rouge dans la moitié inférieure, jaunâtre en haut, orné d'un réseau remarquable à mailles rouges. La chair jaune bleuit nettement au toucher; elle a une odeur agréable et une saveur douce. Le Bolet blafard pousse isolément en été et au début de l'automne, dans toutes les forêts, le plus souvent dans les forêts de feuillus des régions chaudes. Il compte parmi les bons comestibles, mais nécessite toutefois d'être bien cuit; cru il est légèrement toxique et peut provoquer des troubles digestifs. Il se différencie du Bolet à beau pied par les pores rouges de ses tubes et la saveur douce de sa chair.

Bolet à pied rouge
Le Bolet à pied rouge est décrit en détail page 67. Nous n'indiquons donc ici que les caractères principaux qui le différencient du Bolet à beau pied: les pores rouges des tubes des carpophores adultes et le pied floconneux rouge.

Bolet blafard

Bolet à pied rouge

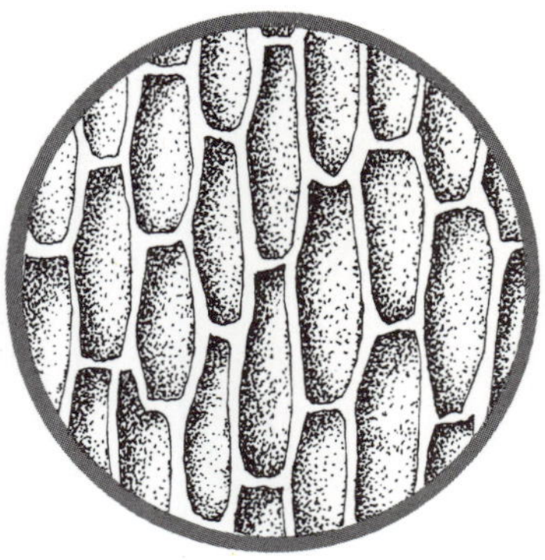

Le Bolet blafard a un réseau aux mailles nettement rouges.

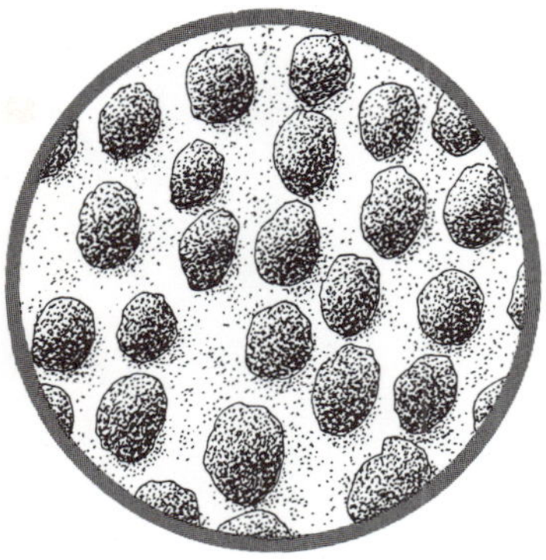

Le Bolet à pied rouge a un pied à écailles rouges.

☠ Bolet satan

Boletus satanas Lenz

Large de 5 à 23 cm, le chapeau est presque globuleux quand il est jeune, plus tard hémisphérique, étalé à convexe avec l'âge, blanchâtre, gris jaunâtre à brun argenté, bosselé sur le dessus avec une cuticule finement tomenteuse. Les tubes sont jaunes, ils mesurent seulement de 10 à 25 mm de long à l'âge adulte et virent légèrement au bleu à la cassure. Les pores sont rouge carmin, plus tard olive et se teintent de bleu verdâtre au toucher. Le pied est renflé comme une betterave chez les spécimens jeunes, il est jaune dans la partie supérieure avec un fin réseau rouge, carmin au centre, ocre clair en bas. La chair est blanchâtre, légèrement bleutée aux endroits lésés ; par temps sec, la couleur ne change presque pas. Chez les carpophores jeunes, elle a une odeur faiblement épicée qui devient vireuse avec l'âge et qui fait penser à un oignon pourri. La saveur est faible, acide et rappelle la noix. Rare, cette espèce pousse de juillet à septembre, dans les régions chaudes en sol calcaire, surtout sous les charmes, les chênes et les tilleuls. Crue ou pas assez cuite, elle provoque des vomissements tenaces et de violentes douleurs digestives. On n'a pas encore enregistré d'intoxication mortelle avec ce champignon. Il est conseillé de ne pas consommer le Bolet satan, même cuit, certains mycologues ayant constaté des intoxications après ingestion de ce champignon. De toute façon, il est bon de le protéger en raison de sa rareté.

Le Bolet satan présente un réseau rouge sur le pied.

Bolet à pied rouge

Boletus erythropus (Fr. : Fr.) Pers.

De 5 à 18 cm, le chapeau est hémisphérique au début, plus tard convexe à étalé, brun foncé à brun-noir, à surface veloutée ou tomenteuse, sec, glabre avec l'âge ; il vire au gris-noir au toucher et en vieillissant. Les tubes sont jaunes au début, plus tard vert-jaune ; ils virent aussitôt au bleu à la cassure et sont échancrés. Les pores sont arrondis, petits, jaunes au début, à maturité rouge cinabre fuligineux, virant rapidement au bleu au toucher. Jeune, le pied est ventru, plus tard cylindrique ou en massue, sans réseau, jaune sous le chapeau, la partie centrale présentant des flocons rouges sur fond jaune, et avec une base légèrement tomenteuse. La chair est jaune foncé, elle vire aussitôt au bleu vif à la cassure, repâlit au bout d'un certain temps et reste jaune grisâtre. Ce Bolet a une saveur et une odeur agréables de champignon. Il est fréquent en été et en automne, dans les bois de pins en basse montagne et pousse aussi en nombre plus limité sous les feuillus, sur les digues des étangs. Il compte parmi les excellents champignons comestibles. Il est apprécié en cuisine, principalement en raison de sa chair ferme et de son puissant arôme. Il est utilisé pour la préparation de sauces et de potages, et les jeunes carpophores sont aussi conservés dans le vinaigre. On le différencie avec certitude du Bolet satan par sa cuticule plus foncée et les mouchetures rouges de son pied.

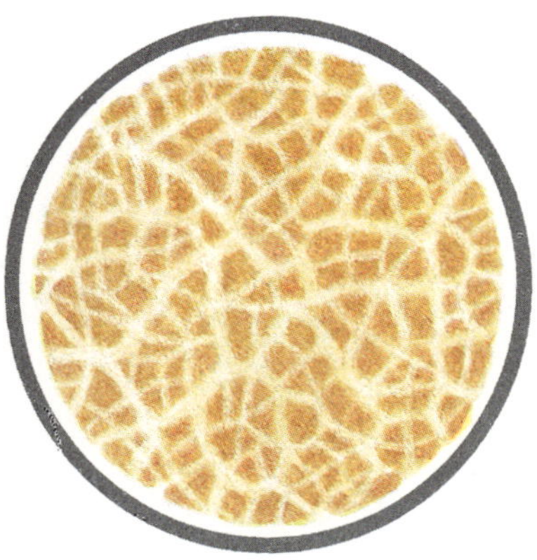

La surface du pied du Bolet à pied rouge porte des flocons rouges.

☠ Coprin noir d'encre

Coprinacées

Coprinus atramentarius (Bull. : Fr.) Fr.

Le chapeau, de 3 à 6 cm, est ovoïde quand il est jeune, blanc grisâtre, gris ou brun fuligineux, il devient ensuite campanulé, plus tard étalé, remarquablement strié en longueur, brun floconneux au sommet. Après la maturité des spores, la marge commence à s'enrouler vers le haut, se décompose peu à peu sous l'action d'enzymes et se transforme en une bouillie noire et gluante. Chez les jeunes spécimens, les lamelles sont serrées, comprimées, avec une arête blanche, elles deviennent vite foncées et déliquescentes. Le pied atteint 20 cm de haut, il est fragile, cylindrique et creux à maturité, blanc, lisse, brillant et muni de radicelles. Les carpophores poussent en touffes, souvent sur des substrats ligneux. La chair est blanche, immuable, sans saveur ni odeur particulières. Il pousse de mai à novembre, dans les lieux fortement fumés, les pâturages, les jardins, les parcs, les plantations, sur les tas de compost, les chemins forestiers, dans les fossés et aussi sur les décombres et les tas d'ordures dans les agglomérations. Il est fréquent de la plaine à la montagne. Cette espèce est classée parmi les champignons vénéneux, car associée à l'alcool, elle peut provoquer de fortes intoxications à l'acétaldéhyde qui bloque sa dégradation. Les symptômes d'intoxication se manifestent de 20 minutes à 2 heures après l'ingestion d'alcool.

Attention ! Après ingestion de Coprins noir d'encre, il ne faut prendre aucune boisson alcoolisée !

Coprin chevelu

Coprinus comatus (Müll. : Fr.) SF Gray

Le chapeau est cylindrique au début, de 3 à 6 cm de large et de 5 à 10 cm de haut, très vite campanulé, à mèches grossières, blanc, ocracé au sommet ; chez les spécimens âgés la marge se relève à la maturité des spores. La chair, y compris la cuticule, passe du rose au violet-noir jusqu'à ce que tout le chapeau se transforme en une bouillie noire et gluante. Au début, les lamelles sont serrées, libres, blanches, fort larges, plus tard roses, puis se transforment en bouillie noire. Les jeunes carpophores présentent un voile membraneux qui couvre les lamelles ; chez les spécimens âgés, il ne reste plus qu'un anneau blanc, coulissant sur le pied. Ce pied est fragile, cylindrique, très long et souvent radicant, creux à l'âge adulte, blanc, lisse et brillant. La chair est blanchâtre, immuable, avec une saveur et une odeur agréables. Il pousse d'avril à novembre, la plupart du temps en touffes, parfois aussi isolé dans les lieux très fumés, les prés, les jardins, les parcs, les plantations et sur les tas d'ordures. Il se rencontre de la plaine à la montagne en abondance, généralement après la pluie. Ce champignon est comestible, mais a une utilisation limitée en gastronomie. Les carpophores doivent être présentés aussitôt après la récolte, sinon ils mûrissent et se résolvent en un liquide noir. Le Coprin chevelu se différencie du Coprin noir d'encre pas ses mèches et la forme cylindrique du chapeau.

L'ingestion d'alcool en association avec un repas de Coprins chevelus ne présente aucun danger.

☠ Inocybe à lamelles couleur de terre

Inocybe geophylla var. *lilacina* (Fr.) Gill. Cortinariacées

D'un diamètre de 0,5 à 3 cm, le chapeau est ovoïde quand il est jeune et relié au pied par une cortine, rapidement conique, étalé à plan avec l'âge avec une pointe marquée, se fendillant radialement, lilas à violet foncé, devenant plus pâle en vieillissant, se teintant de jaune au centre, lisse, soyeux. Les lamelles sont relativement serrées, libres, d'abord blanchâtres, plus tard jaune argileux à brun avec une arête blanche. Le pied est grêle, épaissi à la base, violet clair, pâlissant quand il est vieux. La chair est mince, blanchâtre, violette, immuable, de saveur désagréable et d'odeur spermatique. Il pousse de juillet à octobre, dans toutes les forêts, les bosquets, sur les digues des étangs, dans les parcs. Il forme des troupes importantes sur le sol et se rencontre de la plaine à la montagne. Ce champignon est vénéneux et peut provoquer des intoxications muscariennes. La teneur en muscarine de cet Inocybe est plus ou moins élevée, mais toujours dangereuse. Il est donc fortement déconseillé de la consommer. Cet Inocybe est souvent confondu avec d'autres petites espèces violettes, surtout avec la variété améthyste du Clitocybe laqué. Lors du ramassage de Clitocybes améthystes, il faut donc être prudent et se souvenir des signes distinctifs de l'espèce.

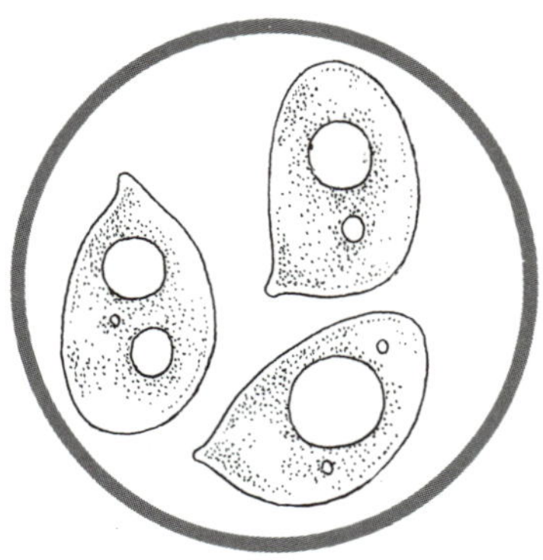

Spores de l'Inocybe à lamelles couleur de terre

Clitocybe améthyste

Laccaria amethystea (Bull.) Murr.

Mesurant de 2 à 5 cm, le chapeau est convexe puis plan, déprimé au centre, d'abord glabre en surface, plus tard velouté à finement floconneux, d'abord violet foncé, pâlissant dans des tons ocracés avec l'âge, à marge finement striée et relativement ondulée. Les lamelles ont de 3 à 7 mm de large, elles sont toujours violettes, éparses, souvent ondulées et couvertes d'une poussière blanche provenant des spores. Le pied de 3 à 7 cm de haut sur 3 à 5 mm de large est entièrement violet, ferme, cylindrique, parfois courbé et comprimé, plein quand il est jeune, fistuleux plus tard. La chair est violette au début, elle pâlit plus tard en tonalités violet clair. Elle est coriace dans le pied et n'a ni saveur, ni odeur particulières. Il pousse de juin à octobre, dans les forêts de feuillus et de conifères, souvent en troupes nombreuses. Cette espèce comestible sert d'ingrédient dans les soupes et les plats de champignons mélangés ; elle est aussi utilisée pour donner une note de couleur. Elle conserve sa teinte dans les préparations vinaigrées. Pour la consommation, on n'utilise que les chapeaux. On le différencie de l'Inocybe aux lamelles couleur de terre par ses lamelles violettes.

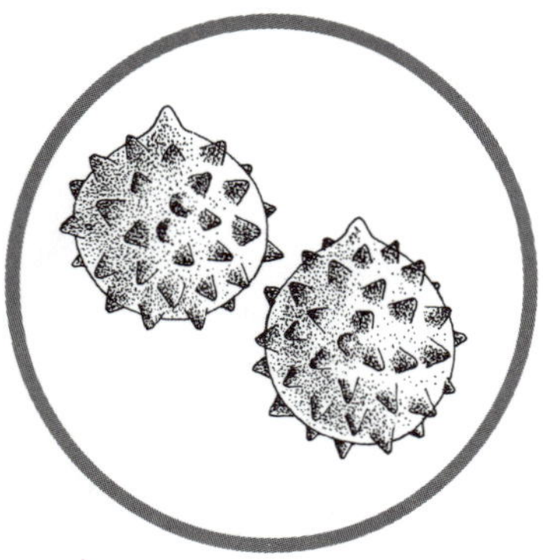

Spores du Clitocybe améthyste

☠ Inocybe couleur d'argile

Cortinariacées

Inocybe geophylla (Bull. : Fr.) P. Karst

Large de 0,5 à 3 cm, le chapeau est ovoïde et relié au pied par une cortine quand il est jeune, rapidement en forme de massue, étalé à plan avec l'âge, avec un mamelon bas, se fissurant radialement; la cuticule est fibreuse, soyeuse, blanche et elle jaunit au sommet en vieillissant. Les lamelles sont moyennement serrées, libres, longtemps blanches, devenant brunes avec l'âge, avec une arête blanche, frangées. Le pied est grêle, légèrement bulbeux à la base, soyeux, blanc. La chair est mince, blanche, immuable, de saveur désagréable et d'odeur spermatique. Il pousse de juillet à octobre, dans tous les types de forêts, les bosquets, les parcs, sur les digues des étangs, dans les cimetières et les jardins. De nombreux spécialistes considèrent cette espèce comme une forme albinos de l'Inocybe aux lamelles couleur de terre, mais cette affirmation est discutée. Avec une teneur en muscarine relativement élevée, elle compte parmi les champignons vénéneux et peut provoquer des intoxications (voir les exemples d'intoxication avec l'Inocybe du Patouillard, page 30). L'Inocybe couleur d'argile a déjà été confondu bien des fois avec quelques autres espèces comestibles comme le Meunier ou le Faux-mousseron.

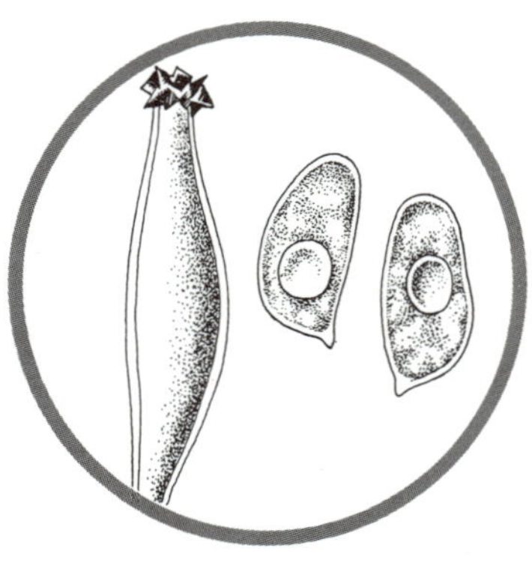

Cystide et spores de l'Inocybe couleur d'argile

Entolomatacées

Clitopile petite prune ou Meunier

Clitopilus prunulus (Scop. : Fr.) Kumm.

Tricholomatacées

Marasme faux-mousseron

Marasmius oreades (Bolt. : Fr.) Fr.

Meunier
(Voir description page 157.) On le différencie de l'Inocybe couleur d'argile par son pied court, cylindrique et par ses lamelles très décurrentes et rose carné à l'âge adulte.

Faux-mousseron
Le chapeau mesure de 1,5 à 3,5 cm ; jeune, il est conique à obtus ou convexe à hémisphérique, plus tard étalé plan avec un mamelon central obtus, lisse, très hygrophane : blond clair ou chair clair et plus foncé par temps humide. Les lamelles sont très éparses, épaisses, larges, échancrées, un peu plus claires que la surface du chapeau. Le pied est cylindrique, long, grêle, plein, ocre clair, tomenteux en bas, élastique à incassable. La chair est blanchâtre, très mince, immuable, de saveur agréable et avec une forte odeur d'amande amère. Il pousse de mai à octobre, dans les lieux herbeux, les forêts, les jardins et les parcs, de la plaine à la montagne. C'est un excellent comestible, on n'utilise que les chapeaux. On le différencie de l'Inocybe couleur d'argile par son pied élastique et son odeur d'amande amère.

Meunier

Faux-mousseron

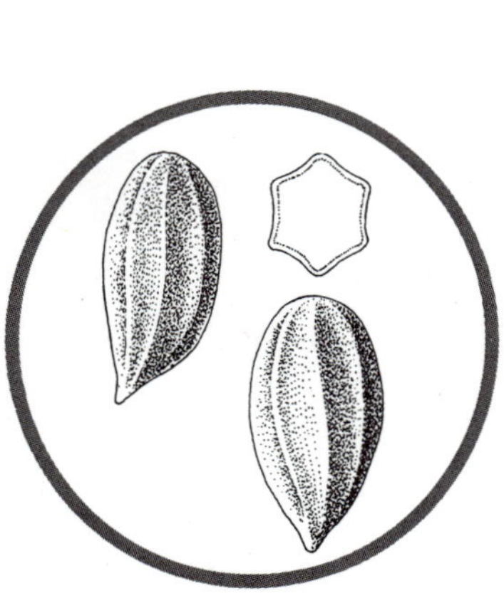

Spores du Meunier

Spores du Faux-mousseron

Inocybe déchiré

Cortinariacées

Inocybe lacera (Fr.) Kumm.

Le chapeau, d'un diamètre de 2 à 3 cm, est brun ou couvert d'un duvet brun ocracé chez les jeunes sujets, conique, très vite convexe à étalé, parfois avec un petit mamelon, fendu radialement avec l'âge. La cuticule est sèche, au début couverte de petits poils bien appliqués faisant penser à du feutre, rapidement ornée de mèches retroussées à partir de la pointe, brun-gris à brun et laissant voir la chair jaune brunâtre ; la marge est soyeuse, souvent déchirée. Les lamelles sont très serrées, libres, blanchâtres quand elles sont jeunes, plus tard brunâtres avec un ton chair et des arêtes blanches. Le pied est droit, relativement grêle, fibreux, un peu renflé à la base, brun fuligineux, longtemps blanc en haut et avec de minces fibrilles brunâtres. La chair est mince, blanchâtre, brunâtre dans le pied, sans saveur notable, voire désagréable, et avec une odeur spermatique. Il pousse en abondance de juillet à octobre, dans les forêts de conifères, le long des chemins, sur les digues des étangs, en lisière de forêt et sur les crassiers recultivés. Il vient la plupart du temps dans les bois de pins en sol sablonneux. On le rencontre de la plaine à la montagne. Ce champignon toxique contient une grande quantité de muscarine. Bien qu'il s'agisse d'une espèce assez terne dont l'aspect n'incite pas à la cueillette, il provoque parfois des intoxications, car des ramasseurs distraits le confondent parfois avec le Faux-mousseron, le Clitocybe laqué ou d'autres petites espèces.

Coupe de l'Inocybe déchiré

Marasme faux-mousseron

Marasmius oreades (Bolt. : Fr.) Fr.

(Voir description pages 33 et 73.) On ne rappellera ici que les caractères distinctifs permettant d'éviter toute confusion avec un Inocybe quelconque. Les lamelles du Faux-mousseron sont très espacées, le pied est élastique et ce champignon a une forte odeur d'amande amère. Chez l'Inocybe déchiré, les lamelles sont serrées, le pied cassant, l'odeur spermatique. En outre, la surface du chapeau est tomenteuse.

Coupe du carpophore du Faux-mousseron
(remarquez les lamelles espacées)

☠ Inocybe napiforme

Inocybe napipes J. Lange

Le chapeau, d'un diamètre de 3 à 5 cm, est conique quand il est jeune, plus tard largement conique avec un mamelon persistant pointu. Au début, la cuticule est presque glabre ou très finement fibrilleuse, mais elle devient vite radialement fibrilleuse, brun foncé et jusqu'à brun-noir au sommet. Les lamelles sont très serrées, échancrées et uncinées; elles sont blanchâtres, grisâtres jusqu'à brun clair avec l'âge. Le pied est cylindrique, grêle, droit, élargi à la base en un petit bulbe en forme de navet, presque fibreux, strié en longueur, pruineux au sommet, brun blanchâtre au bulbe. La chair blanchâtre vire légèrement au brun; elle est sans saveur particulière et à odeur faiblement spermatique. Cet Inocybe pousse à la fin de l'été et en automne, dans les forêts d'épicéas et de pins ou de bouleaux. Les carpophores viennent en petits groupes. Ce champignon très toxique contient une très grande quantité de muscarine. Il est aussi dangereux que l'Inocybe de Patouillard. Sa teneur en toxine ne change ni à la cuisson, ni à la dessiccation. L'Inocybe napiforme a parfois été confondu avec le Faux-mousseron.

Coupe de l'Inocybe napiforme

Marasme faux-mousseron

Marasmius oreades (Bolt. : Fr.) Fr.

(Voir description page 33, 73 et 129.) Le Faux-mousseron pousse en abondance de mai à octobre, en cercles ou en troupes nombreuses dans les prés, les pâturages, les forêts herbeuses, de la plaine à la montagne. On le différencie aisément de l'Inocybe napiforme par son pied élastique, très résistant, presque incassable, ses lamelles éparses et surtout son odeur d'amande amère.

Coupe du Faux-mousseron (outre les lamelles espacées, on le reconnaît aussi au pied élastique et à son odeur d'amande amère).

Hypholome en touffes

Strophariacées

Hypholoma fasciculare (Huds. : Fr.) Kumm.

Le chapeau, de 2 à 5 cm de large, est campanulé quand il est jeune, plus tard convexe à plan, avec un mamelon arrondi et bas, jaune soufre, rouge orangé à rouille au centre, lisse, glabre, avec une cuticule brillante par temps humide. Les lamelles sont serrées, renflées, adnées, d'abord jaune soufre, plus tard vert sale, jusqu'à violet-noir à l'âge adulte. Chez les spécimens jeunes, elles sont recouvertes d'une cortine dont il ne reste, avec l'âge, que de petites franges sur la marge du chapeau et quelques débris sur le pied sous forme d'anneau fugace. Le pied est cylindrique, grêle, droit ou modérément courbé, creux à l'âge adulte, lisse, glabre, jaune soufre, brûnatre en bas. La chair est jaune, brunâtre à la base du pied, immuable, avec une odeur d'humus et une saveur amère, repoussante. L'Hypholome pousse de mars à décembre, en touffes importantes sur des souches d'arbres en décomposition et des racines de feuillus et de conifères. Il vient en masse aussi bien en plaine qu'en montagne. On considère ce champignon comme non comestible. Son goût est, de surcroît, tellement amer qu'il est totalement immangeable. Certains mycologues le disent très dangereux, bien que la toxine n'ait pas encore été identifiée.

L'Hypholome en touffes a des lamelles jaune soufre quand il est jeune, plus tard, vert sale.

Hypholome à lamelles enfumées

Hypholoma capnoides (Fr. : Fr.) Kumm

Le chapeau a un diamètre de 2 à 5 cm, il est peu charnu, hémisphérique dans sa jeunesse, plus tard étalé à plan, brun-jaune ou ocracé, sec, lisse, à marge nette présentant parfois des débris du voile. Les lamelles sont serrées, de largeur moyenne, renflées, adnées, blanchâtres jeunes, plus tard coquelicot, gris-bleu et brun-violet avec l'âge. Au premier stade de développement, elles sont recouvertes d'une cortine jaunâtre qui disparaît chez le spécimen adulte. Le pied est grêle, cylindrique, souvent courbé ou tordu selon la façon dont le champignon isolé a poussé à travers le substrat ou la touffe vers la lumière. Il est blanchâtre en haut, brillant et soyeux, plein, plus tard creux, brunâtre à la base, à fibrilles apprimées. Il porte des débris d'anneau dans la partie supérieure quand il est jeune. La chair est blanchâtre ou jaune pâle, cassante, humide et immuable. Elle présente une faible odeur de moisi et une saveur très agréable de noix. Cette espèce est fréquente de mars à décembre, en touffes, dans les forêts de conifères sur les souches ou les racines mortes, surtout sous les épicéas. On la rencontre de la plaine à la montagne où elle abonde surtout pendant la saison froide. Elle est considérée par beaucoup comme un comestible médiocre. On la différencie aisément de l'Hypholome en touffes par la saveur agréable de sa chair.

L'Hypholome à lamelles enfumées a des lamelles d'abord blanchâtres, plus tard, gris-bleu.

☠ Lactaire jaunâtre

Lactarius helvus (Fr.) Fr.

Large de 5 à 12 cm, le chapeau est d'abord convexe à plan, plus tard plan à déprimé avec un petit mamelon central, brun ocracé, floconneux à mèches apprimées, sec, enroulé au début, cassant. Les lamelles ont de 3 à 5 mm de large, elles sont modérément serrées, ocre jaunâtre et décurrentes. Le pied est cylindrique, mesure de 4 à 12 cm de haut sur 0,5 à 2,5 cm de large. Il est de la même couleur que le chapeau ou un peu plus pâle, à base blanche feutrée par le mycélium, creux avec l'âge. La chair est ocre clair, souvent brun rougeâtre à la base du pied, dure et cassante chez les spécimens jeunes, friable avec l'âge. À la cassure, la chair vire au rouge carné ; il en coule alors un lait clair, aqueux, de sa saveur douce, parfois un peu amère. Les jeunes carpophores ont une odeur agréable de fruit, les spécimens adultes ou desséchés rappellent, par leur odeur, la chicorée ou le potage déshydraté. Le Lactaire jaunâtre pousse en abondance de juillet à octobre, dans les forêts humides de conifères. Les carpophores viennent en troupes nombreuses, on les trouve souvent sur sol acide et parmi les sphaignes. Cette espèce n'est pas comestible et compte parmi les champignons modérément toxiques. Elle est parfois recommandée comme épice dans le potage. Après ingestion de quelques carpophores, l'intoxication se manifeste par des vomissements et de la diarrhée.

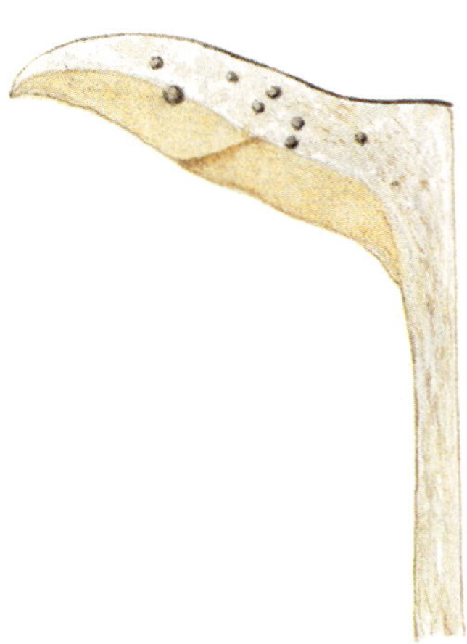

Coupe d'une partie du carpophore du Lactaire jaunâtre

Lactaire à lait abondant ou Vachette

Lactarius volemus (Fr.) Fr.

Le chapeau, de 5 à 15 cm de diamètre, est convexe avec la marge enroulée chez les spécimens jeunes, plus tard plan, un peu déprimé au centre, charnu, ferme, cassant, brun-rouge ou orange, sec, légèrement craquelé avec l'âge et par temps sec. Les lamelles ont de 4 à 7 mm de large, elles sont serrées, blanchâtres à crème, virent au brun rouille avec l'âge et sont décurrentes. Le pied cylindrique mesure de 6 à 11 cm de long sur 1,5 à 2 cm de large ; il est plein, lisse, sans anneau, brun rougeâtre clair ou orange. La chair est cassante, dure et blanchâtre. À la cassure, il s'en écoule un lait abondant, blanc, à saveur douce et qui, en séchant, laisse des taches brunâtres. Ce Lactaire a une saveur douce et une odeur agréable de champignon, mais les vieux spécimens sentent le poisson. Il pousse en été et en automne, dans toutes les forêts, surtout dans les bois d'épicéas parsemés de bouleaux. Les carpophores viennent la plupart du temps isolément et très rarement en groupes. Quand les Lactaires à lait abondant apparaissent, cela signifie que l'humidité de la forêt diminue, de sorte que les autres champignons cessent de pousser. Cet excellent comestible peut aussi être mangé cru. On différencie cette espèce du Lactaire jaunâtre par l'abondance de son lait blanc et doux et la surface lisse de son chapeau.

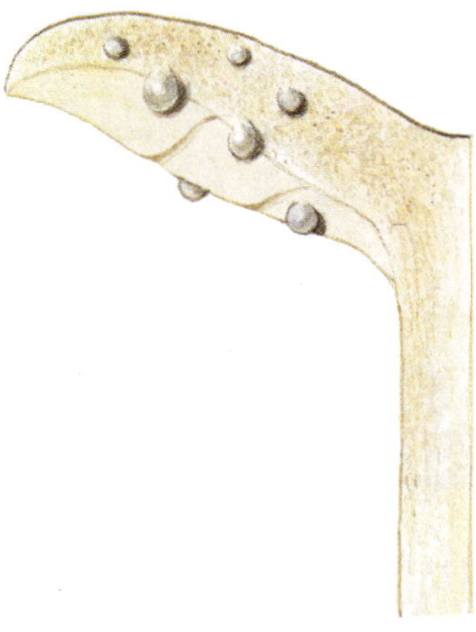

Coupe partielle du carpophore du Lactaire à lait abondant (on fera attention à l'abondance de lait blanc)

Lactaire toisonné

Russulacées

Lactarius torminosus (Schaeff. : Fr.) SF Gray

Le chapeau atteint une largeur de 5 à 12 cm ; il est d'abord convexe à marge nettement enroulée et couverte de poils, rose chair ou rougeâtre avec quelques cercles concentriques plus pâles. Le centre du chapeau est déprimé et omboné chez les sujets jeunes et légèrement infudibuliforme avec l'âge. Les lamelles ont 3 ou 4 mm de large, elles sont serrées, rose crème, décurrentes. Le pied cylindrique, coriace, cassant, creux, pâle à rosé, a de 3 à 7 cm de long sur 1 à 2,5 cm de large. La chair est blanchâtre, rose sous la cuticule et au pied ; il s'en écoule un lait blanc, immuable et brûlant. Ce Lactaire a une saveur âcre mais pas d'odeur particulière. Il pousse en été et surtout en automne, dans les forêts claires, en abondance sous les bouleaux. Il préfère les sols acides et, en dehors de la forêt, on le rencontre sous les bouleaux. Cette espèce toxique ne convient pas pour les préparations culinaires. Il provoque vomissements et diarrhée. Les toxines sont contenues dans le lait âcre.

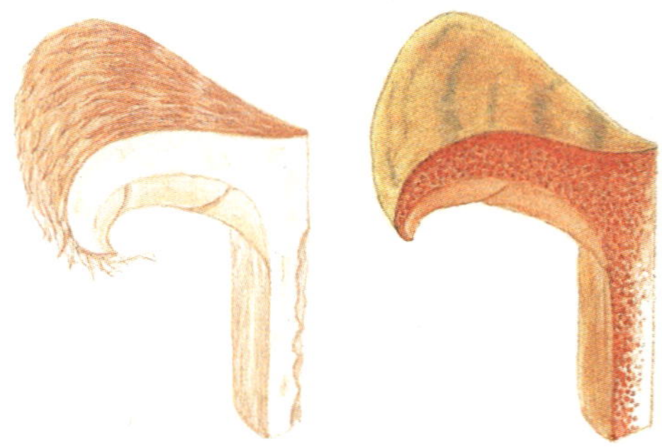

Coupe partielle du carpophore du Lactaire toisonné et du Lactaire des épicéas

Russulacées

Lactaire des épicéas

Lactarius deterrimus Gröyer

Russulacées

Lactaire délicieux

Lactarius deliciosus (L. : Fr.) SF Gray

Russulacées

Lactaire à lait abondant

Lactarius volemus (Fr.) Fr.

Lactaire des épicéas

De 3 à 8 cm de large, le chapeau est convexe et à marge enroulée quand il est jeune, plus tard plan, déprimé, jusqu'à infundibuliforme à l'âge adulte avec une marge nette, rouge clair ou rouge orangé portant des cercles concentriques plus foncés et des taches vertes avec l'âge. Les lamelles sont moyennement serrées, cassantes, décurrentes, orange-rouge et se teintent de vert aux endroits lésés. Le pied est cylindrique, court, cassant, rapidement creux, orange-rouge et taché de vert. La chair est blanchâtre, orange aux endroits pleins de lait; elle vire peu à peu au vert aux endroits lésés. Sa saveur est douce à légèrement âcre, astringente et épicée; son odeur est agréable. Ce champignon pousse généralement en abondance d'août à octobre, dans les jeunes plantations d'épicéas et aux lisières herbeuses des forêts de haute altitude. On le différencie du Lactaire toisonné par son lait rouge carotte.

Lactaire délicieux

(Voir description page 111.) Cette espèce ressemble beaucoup au Lactaire des épicéas, mais elle est plus grande et plus charnue. Le chapeau atteint 15 cm de diamètre et présente des cercles concentriques très nets. Elle pousse exclusivement sous les pins. On la différencie du Lactaire toisonné par son lait rouge carotte.

Lactaire à lait abondant

(Voir description page 81.) On le distingue très facilement du Lactaire toisonné par son lait blanc, doux et très abondant.

Lactaire des épicéas

Lactaire délicieux

Lactaire à lait abondant

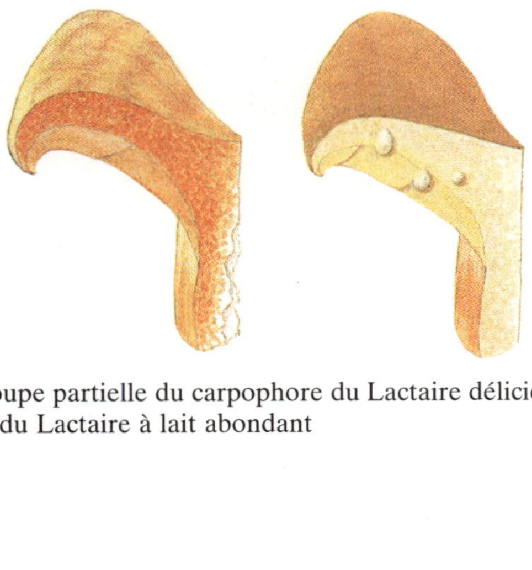

Coupe partielle du carpophore du Lactaire délicieux et du Lactaire à lait abondant

☠ Clitocybe (Pleurote) de l'olivier

Paxillacées

Omphalotus olearius (DC. : Fr.) Sing

Le chapeau, d'un diamètre de 4 à 11 cm, est convexe dans le jeune âge, à marge enroulée, plus tard étalé, en entonnoir, avec un bord net, incurvé, fibrilleux, orange sur fond jaune orangé, plus sombre à châtain au centre, à écailles innées quand il est jeune, plus tard glabre, sec et brillant à soyeux. Les lamelles ont de 2 à 6 mm de large, elles sont serrées, à arête lisse, élastiques, très décurrentes chez les spécimens adultes, d'abord jaune d'or, puis orange, parfois d'un bleu-vert phosphorescent dans l'obscurité. Le pied mesure de 4 à 12 cm de long et de 0,7 à 3 cm de large ; il est plein, plus gros sous le chapeau, effilé vers la base, finement tomenteux en surface, mat et jaune orangé ou jaune ocracé. La chair est finement fibreuse, très coriace, sèche, élastique, jaunâtre ou rosée (blanchâtre dans le chapeau par temps sec), sans odeur ni saveur particulières. Ce champignon pousse de juillet à novembre, dans les régions chaudes, la plupart du temps en grandes touffes, sur des souches ou des troncs de feuillus, ou bien à proximité. Il vient aussi souvent sur des arbres fruitiers sauvages. Il est vénéneux, mais ses toxines n'ont pas encore été suffisamment étudiées. L'intoxication commence à se manifester 1 ou 2 heures après l'ingestion.

Le Clitocybe de l'olivier pousse toujours sur du bois.

Tricholomatacées

Clitocybe en entonnoir

Clitocybe gibba (Pers. : Fr.) Kumm.

Cantharellacées

Chanterelle comestible

Cantharellus cibarius Fr.

Clitocybe en entonnoir
Le chapeau mesure de 3 à 8 cm de large ; il est convexe jeune, rapidement plan, déprimé avec un petit mamelon au fond, charnu, lisse, jaune ocre à brun-rouge, pâlissant, à marge incurvée. Les lamelles sont serrées, étroites, décurrentes, presque blanches au début et plus tard crème. Le pied est cylindrique, lisse, glabre, plein, farci avec l'âge, blanchâtre ou ocre clair, tomenteux à la base. La chair est blanche, immuable, sans saveur notable, mais agréable et avec une bonne odeur de champignon. Il pousse en groupes, de juillet à octobre, dans tous les types de forêts, dans la mousse au bord des chemins, dans les clairières. Ce bon comestible convient pour la préparation de plats de champignons mélangés, mais il nécessite une cuisson assez longue. On le différencie facilement du Clitocybe de l'olivier par les stations où il apparaît. Il ne pousse jamais sur du bois.

Chanterelle comestible ou **Girolle**
Le chapeau mesure de 2 à 7 cm de large. Il est d'abord convexe, puis largement convexe ; la marge est longtemps enroulée, puis en entonnoir avec un bord ondulé et lobé ; il est couleur jaune d'œuf, pâlissant, glabre, mat et peu charnu. La Girolle n'a pas de véritables lamelles, mais des plis qui sont reliés entre eux, étroits, très décurrents, denticulés et de la couleur du chapeau. Le pied est cylindrique, effilé en bas, plein, jaune, lisse et glabre. Il vire au brun au toucher. La chair est blanchâtre, faiblement jaunâtre, immuable, de saveur un peu piquante, d'odeur agréablement épicée. La Girolle pousse de juin à octobre, dans les forêts de feuillus et de résineux. On ne peut la confondre avec aucune espèce toxique autre que le Clitocybe de l'olivier, mais celui-ci vient la plupart du temps en touffes sur du bois, tandis que la Girolle sort du sol.

Clitocybe en entonnoir

Girolle

☠ Clavaire dorée

Ramaria (Clavaria) aurea (Schaeff. : Fr.) Quél.

Le carpophore est ramifié, irrégulièrement sphérique, d'un diamètre de 6 à 12 cm. Le tronc est robuste, charnu, épais, glabre et blanchâtre. Il se ramifie en de nombreux rameaux cylindriques, non cannelés, très courts, serrés, formant une sorte de chou-fleur. Chez les exemplaires jeunes, ces rameaux sont jaune miel à jaune chrome ou jaune d'or; à l'âge adulte, ils sont jaune ocre et s'achèvent alors par de petites dents coniques jaune d'or. La chair est blanchâtre à l'intérieur, jaunâtre sous la surface, molle, sans odeur ni saveur particulières. La Clavaire dorée pousse de juillet à septembre, dans les forêts de feuillus, plus rarement de conifères, de la plaine à la moyenne montagne où elle est fréquente. Les carpophores poussent en petits groupes. Cette espèce est considérée comme légèrement toxique, elle contient de l'émodine qui irrite la muqueuse du gros intestin. La Clavaire de Maire *(Ramaria mairei)* contient la même matière toxique, pousse rarement en été et au début de l'automne dans les forêts de feuillus et de conifères. Chez les exemplaires jeunes les rameaux sont rose-violet, plus tard ils sont jaune crème à ocre clair. La chair est blanchâtre à l'intérieur, jaunâtre sous la surface, molle, au début d'un goût doucereux, plus tard d'un goût amer et d'une odeur discrète.

La Clavaire dorée a des rameaux buissonnants.

Sparassis crépu

Sparassis crispa (Wulf.) Fr.

Le carpophore est irrégulièrement sphérique et mesure de 10 à 40 cm de large ; il est blanchâtre, crème ou ocre et se compose de rameaux rubannés aplatis, serrés, s'élargissant aux extrémités en forme de feuille, très crépus et denticulés au bord, sur un tronc épais, enfoncé dans le sol. Les rameaux, crépus et foliacés, sont couverts sur les deux faces par l'hyménium. La chair est blanchâtre, élastique, céracée, immuable, avec une forte odeur d'épice et d'anis, et une saveur un peu piquante de noix. Ce champignon pousse de juillet à octobre, en touffes, dans les forêts de conifères, la plupart du temps à la base des troncs de pins ou de mélèzes. Il vient le plus souvent en sol sablonneux dans les bois de pins et fait penser, de loin, à une éponge claire. Il compte parmi les excellents comestibles et est utilisé dans toutes sortes de préparations culinaires. Grâce aux substances antibiotiques qu'il contient et à la fermeté de sa chair, le Sparassis crépu peut être conservé longtemps dans une soucoupe d'eau placée dans une cave humide et fraîche. On le différencie facilement de la Clavaire dorée par les extrémités élargies et foliacées des rameaux.

Coupe du carpophore du Sparassis crépu

Chez le Sparassis crépu, les rameaux s'élargissent comme des feuilles.

☠ Clavaire élégante

Gomphacées

Ramaria formosa (Pers. : Fr.) Quél.

Les carpophores sont plus ramifiés que ceux des autres espèces de clavaires ; buissonnants, ils atteignent 20 cm de haut et 15 cm de large. Le pied charnu, de 20 à 30 mm de large, est en partie enfoui dans le sol ; sa surface est nue, ocre clair ou légèrement rose. Il est parfois court, parfois étiré ou ramifié et se mêle à la touffe voisine. Cette clavaire se ramifie en de nombreuses petites branches allongées qui s'achèvent en forme de fourche ou en dents de scie. La surface de ces ramifications est la plupart du temps lisse, parfois aussi ridée en de nombreux endroits. Les parties inférieures des ramifications sont rose saumon clair, couleur chair ou ocre jaune ; en règle générale, les extrémités sont jaune citron au début. À maturité, tout le carpophore se colore en ocre pâle. La chair est d'abord rose, puis blanche chez les sujets acultes. Elle vire au rouge à la lésion. Sa saveur amère est désagréable et elle n'a pas d'odeur marquée. Les carpophores poussent fréquemment en été et en automne, surtout dans les forêts de feuillus. Ils viennent habituellement en troupes. La Clavaire élégante est répandue dans toute la zone tempérée de l'hémisphère Nord. Elle compte parmi les espèces toxiques car elle provoque de violentes diarrhées.

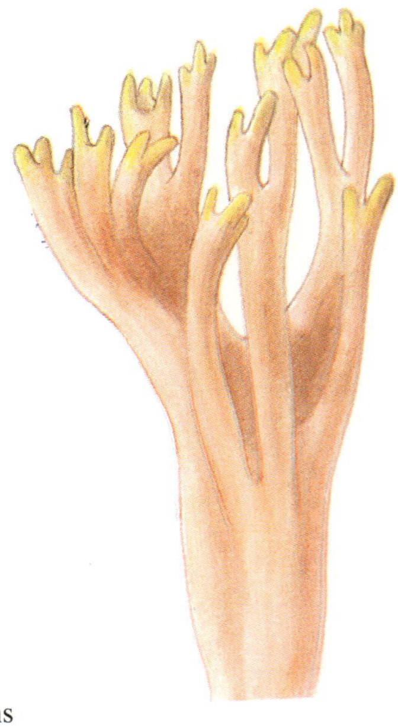

La Clavaire élégante a des ramifications buissonnantes.

Clavariacées

Sparassis crépu

Sparassis crispa (Wulf.) Fr.

Polyporacées

Polypore en ombelle

Polyporus umbellatus (Pers. ex. Fr.) Pil.

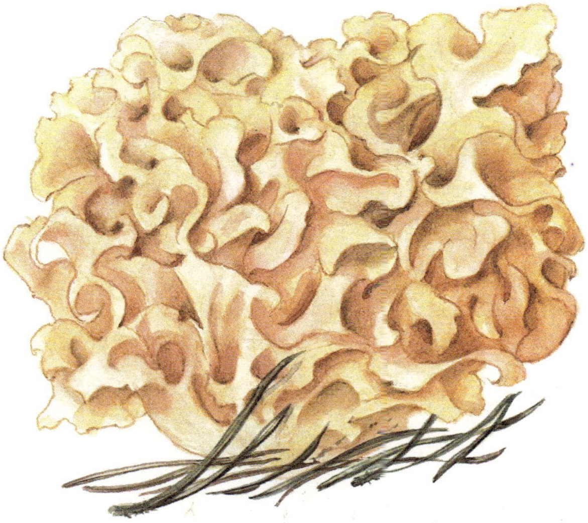

Sparassis crépu

Polypore en ombelle

Les ramifications du Polypore en ombelle se terminent par de petits chapeaux.

Sparassis crépu

Le carpophore sphérique, irrégulier, atteint 40 m de large et plusieurs kilos. Il ressemble à une éponge. Vous trouverez une description plus détaillée page 87. Ce champignon pousse habituellement dans les forêts de conifères, surtout contre les troncs de pins et de mélèzes. Le Sparassis crépu se différencie des clavaires par sa taille et les extrémités plates foliacées de ses ramifications.

Polypore en ombelle

Encore jeune, tout le carpophore rappelle la tête d'un agneau. Sphérique, il atteint 40 cm de large. Le gros tronc se ramifie en un grand nombre de pieds plus petits terminés par de petits chapeaux. Une telle touffe peut compter jusqu'à 250 chapeaux, dont le diamètre atteint de 15 à 40 mm. La surface du chapeau est légèrement écailleuse, grise ou ocre, déprimée au centre. Sous le chapeau se trouvent des tubes courts, blancs, très décurrents, avec de petits pores. La chair blanche est charnue, pleine de sève, ferme, et sent légèrement l'aneth; très savoureuse, elle a un goût agréable de noix. Les carpophores poussent surtout dans les forêts de feuillus sur un sclérote souterrain noir. Ils sont plus courants dans les régions chaudes. Le Polypore en ombelle se rencontre dans toute la zone tempérée de l'hémisphère Nord, mais la plupart du temps il est assez rare. Il se différencie nettement des clavaires par ses ramifications terminées par de petits chapeaux.

☠ # Russule émétique

Russula emetica (Schaeff. : Fr.) S. F. Gray

Le chapeau, de 4 à 10 cm de diamètre, est d'abord hémisphérique, vite convexe et étalé, modérément déprimé, glabre, lisse, brillant et gras, visqueux par temps de pluie, avec une cuticule facilement détachable. Il est rouge sang et pâlit fortement après la pluie. Les lamelles sont serrées, libres, ventrues près du pied, d'abord blanc pur, plus tard légèrement jaunâtres. Le pied est cylindrique, cassant, blanc pur, rarement rougeâtre, farci à l'âge adulte. La chair est blanche, rouge seulement sous la cuticule, immuable, de saveur très brûlante, avec une odeur agréable de fruit. Elle pousse de juillet à octobre dans toutes les forêts ombragées et vient en troupes nombreuses dans la mousse épaisse des bois de conifères marécageux. Par sa coloration, elle fait partie des plus beaux champignons. Mais il s'agit d'une espèce dangereuse, en raison de sa teneur élevée en substances résineuses. Elle provoque des maux d'estomac persistants et de forts vomissements, surtout si elle n'est pas assez cuite.

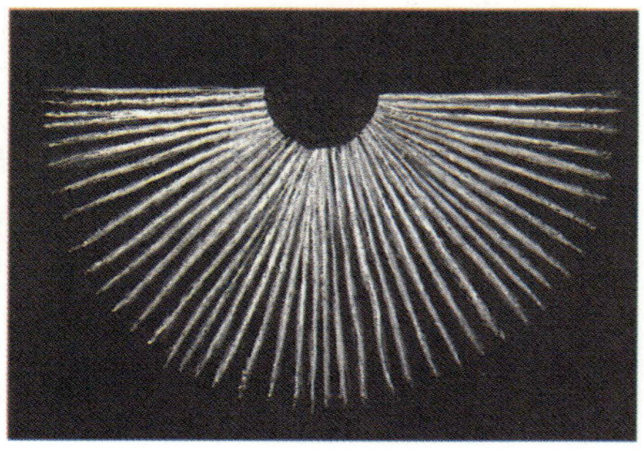

Sporée de la Russule émétique

Russule des marécages

Russula paludosa Britz.

Le chapeau, de 5 à 15 cm de large, est d'abord hémisphérique, rapidement plan, déprimé, rouge cynorrhodon ou rouge fraise, pâlissant, lisse et visqueux ; la cuticule est détachable sur les deux tiers. Les lamelles sont serrées, libres, très larges, blanchâtres au début, plus tard blanc de neige, parfois un peu rougeâtres sur l'arête. Le pied est cylindrique et atteint 3 cm de large ; il est blanc, souvent un peu rougeâtre et l'intérieur est rapidement farci. La chair est blanche, immuable, tendre, cassante, légèrement âcre chez les jeunes sujets, agréable chez les plus vieux, sans odeur particulière. Elle pousse de juillet à septembre, dans les forêts de conifères humides, de la plaine à la basse montagne et vient en troupes nombreuses dans les stations couvertes de bruyères, de mousses et de myrtilles des forêts de pins, en sol sablonneux. Elle est aussi relativement fréquente dans les sphaignes des tourbières. Cet excellent comestible trouve diverses utilisations culinaires. Cette espèce ressemble malheureusement à la vingtaine d'autres Russules rouges. On la différencie aisément de la Russule émétique par la coloration des lamelles, la sporée et le goût. La Russule émétique est toujours très âcre et souvent plus petite. La sporée de la Russule des marécages est ocre clair, ce qui apparaît aussi à la couleur des lamelles (en cas de doute, laissez tomber les spores librement sur un morceau de papier).

Sporée de la Russule des marécages

☠ Scléroderme verruqueux

Scleroderma verrucosum (Bull. : Pers.) Pers.

Le carpophore, poussant sur le sol, est irrégulièrement sphérique, effilé à la base et d'un diamètre de 2 à 5 cm. L'enveloppe, ou péridium, est très fine, élastique, ocre jaune ou brun-jaune, toujours plus foncée au sommet et souvent craquelée en petits champs couleur terre de Sienne faisant penser à des verrues. Chez les sujets jeunes, l'intérieur, ou gleba, est ferme, blanc, plus tard bleu-noir à violet foncé. Il a une forte saveur de champignon et une odeur épicée. Peu à peu, il se déshydrate et se transforme en une masse noire grisâtre, friable, qui se décompose en une poussière de spores brun-gris. Il est très fréquent de juillet à septembre, dans les forêts de feuillus et mixtes. On le considère comme un champignon dangereux. Les jeunes carpophores peuvent être utilisés pour épicer des plats mais seulement en quantité limitée.

Coupe du carpophore du Scléroderme verruqueux

Sclérodermatacées

Pisolithe sans racine

Pisolithus arrhizus (Pers.) E. Fisch

Lycoperdacées

Lycoperdon en sac

Calvatia excipuliformis (Scop. : Pers.) Perd.

Pisolithe sans racine

Le carpophore, irrégulièrement sphérique, lourd et dur, pousse sous la terre ; il mesure de 3 à 15 cm de large. En mûrissant, il apparaît à la surface du sol et se pulvérise peu à peu. La partie inférieure du carpophore présente soit une petite radicelle, soit au contraire une base stérile très développée, cylindrique et se ramifiant comme des racines. L'enveloppe est fine, lisse, jaune ocracé, plus tard brun foncé, et se désagrège en plaques à maturité. La gleba se compose de petits grains sphériques ou polygonaux qui sont d'abord jaunes et logés dans un tissu stérile noir, et qui, plus tard, deviennent bruns puis pulvérulents. Il a une saveur agréable et une forte odeur de champignon. Il pousse de juillet à septembre, dans les forêts claires, surtout de pins. Les jeunes carpophores sont comestibles en petite quantité et sont utilisés en cuisine comme épice.

Lycoperdon en sac

Le carpophore en forme de maillet atteint de 5 à 15 cm de haut et de 3 à 8 cm de large ; il est d'abord blanc, plus tard ocre à brun clair. La partie stérile, qui ressemble à un pied, est habituellement très développée, cylindrique, effilée en bas ou au contraire élargie en forme de massue. La partie fructifère est sphérique. L'enveloppe est finement granulée et hérissée de pointes, souvent craquelée en champs, blanchâtre, puis elle tombe en morceaux. La gleba est d'abord blanche, molle, de saveur douce et à odeur de champignon ; en mûrissant, elle devient brun olivâtre et aqueuse en se ramollissant, puis elle finit par se déshydrater, vire au brun et tombe en morceaux. Le Lycoperdon en sac est fréquent en été et en automne, dans les clairières et les forêts de feuillus et de conifères. Les jeunes carpophores, encore blancs lorsqu'on les coupe, peuvent être utilisés en cuisine, car ils ont une saveur excellente.

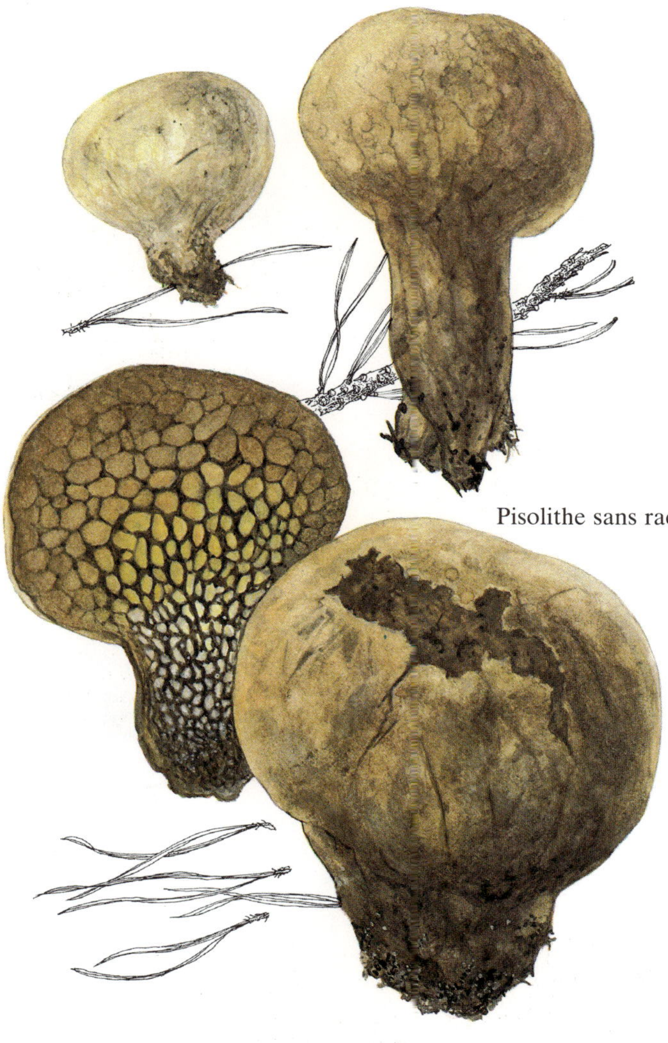

Pisolithe sans racine

Lycoperdon en sac

Coupe du Lycoperdon en sac

☠ # Scléroderme commun, citrin ou orangé

Scleroderma citrinum Pers. *(S. aurantium)*

Le carpophore, qui apparaît à la surface du sol, est irrégulièrement sphérique ; il mesure de 3 à 10 cm sur sa plus grande longueur et, en règle générale, il a une coupe réniforme. Il est jaune paille à jaune ocre, d'un poids et d'une dureté remarquables. Le péridium (enveloppe du carpophore des Gastéromycètes) est coriace, dur comme du cuir, éclaté en verrues aplaties. La masse fertile, ou gleba, est blanche chez les spécimens jeunes, ferme, plus tard rose, rose violacé ou violet-bleu, d'une remarquable saveur de champignon et d'une odeur épicée ; elle devient finalement noire et se transforme en une bouillie qui, après déshydratation, se décompose en une poussière de spores vert grisâtre. Il pousse de juillet à novembre, dans tous les types de forêt. Il est considéré comme comestible, mais seulement si on le consomme en petite quantité, par exemple pour épicer des pâtés ou des bouillons. Il peut s'avérer nocif si l'on en mange beaucoup.

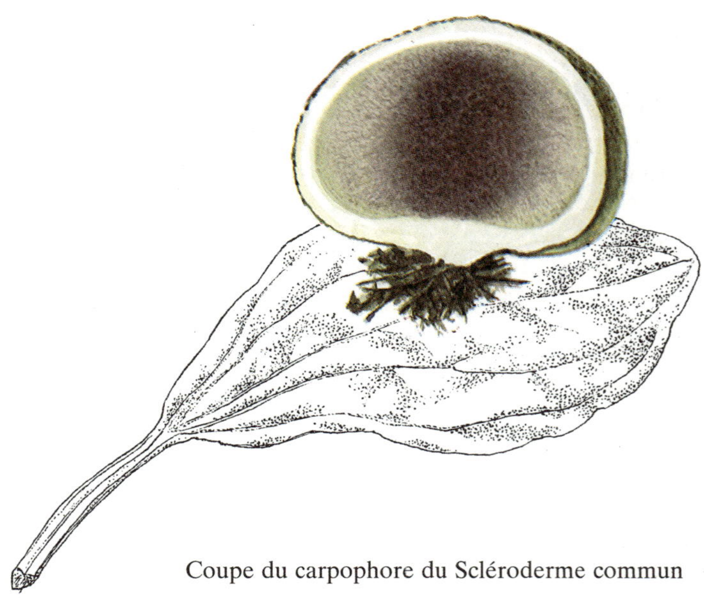

Coupe du carpophore du Scléroderme commun

Lycoperdacées

Vesse-de-loup perlée

Lycoperdon perlatum Pers. : Pers.

Lycoperdacées

Boviste couleur de plomb

Bovista plumbea Pers. : Pers.

Tubéracées

Truffe d'été

Tuber aestivum Vitt.

Vesse-de-loup perlée

La plupart du temps, les carpophores sont piriformes et atteignent de 4 à 8 cm de haut. La partie fructifère est sphérique et dotée d'un mamelon. Le jeune carpophore est blanc et couvert de petites verrues coniques. Le réceptacle fructifère adulte se teinte de jaune ocracé et, plus tard, de brun. La gleba est d'abord blanche, élastique, puis devient jaune en mûrissant et se ramollit. Quand les spores sont mûres, la masse fertile se transforme en une poussière brun olivâtre. Une ouverture se forme au sommet du réceptacle, par laquelle les spores, portées par le vent, se répandent alentour. Très fréquent de juin à octobre, dans les forêts, les prés et les bosquets, c'est l'un des champignons les plus savoureux. On ne ramasse que des carpophores jeunes, d'un blanc pur à l'intérieur.

Boviste couleur de plomb

Le carpophore fait de 1 à 3 cm de large ; il est sphérique, aérien et dépourvu de pied. L'enveloppe externe, blanche, se déchire rapidement et tombe par fragments. L'enveloppe interne a la consistance du papier, elle est grise ou bleu-gris et s'ouvre au sommet par un petit orifice par lequel les spores se répandent. Ce Boviste pousse en été et automne, dans les lieux herbeux et secs au bord des chemins, dans les pâturages et les chemins forestiers. Comestible, il est très savoureux quand il est jeune.

Truffe d'été

Le carpophore, de 2 à 7 cm de large, est souterrain, bulbeux, noir bleuâtre ou brun-noir, ferme ; la surface éclate en grosses verrues coniques. La chair est d'abord blanchâtre ou jaunâtre, plus tard brunâtre et marbrée de veines blanches. Rare, la Truffe d'été pousse de juillet à septembre, en sol calcaire, sous les chênes, les hêtres ou les charmes. Ce champignon comestible très savoureux est utilisé comme épice.

Vesse-de-loup perlée

Boviste couleur de plomb

Truffe d'été

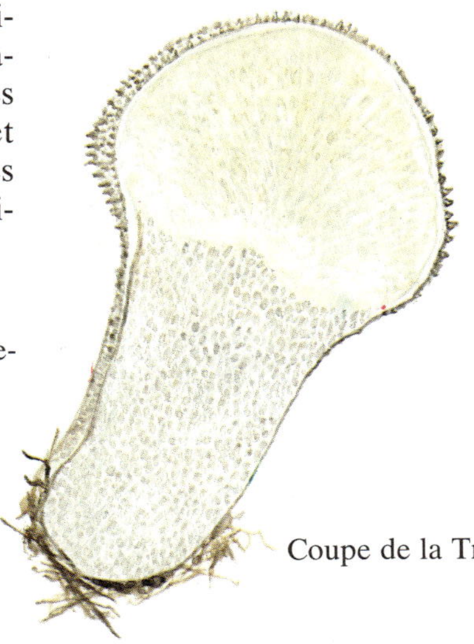
Coupe de la Vesse-de-loup perlée

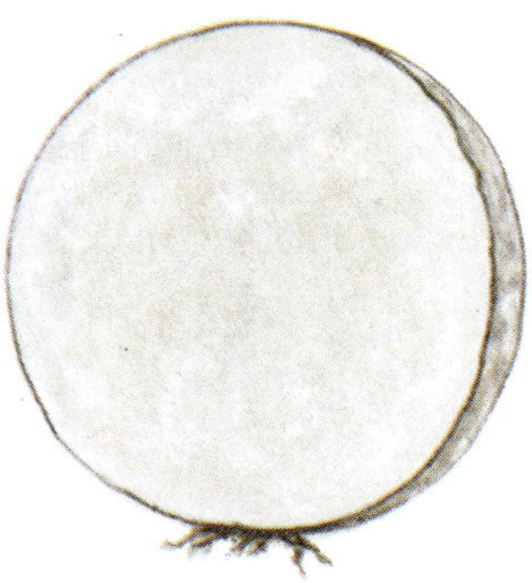
Coupe du Boviste couleur de plomb

Coupe de la Truffe d'été

☠ Mycène rose

Mycena rosea (Bull.) Sacc. et Dalla Costa

Le chapeau, de 3 à 6 cm, est d'abord conique, puis rapidement très étalé, convexe bossu à plan, avec un mamelon central, cassant, peu charnu, hygrophane transparent, rose pâle, sans la moindre nuance violette. La cuticule est plus foncée par temps humide, lisse par temps sec, brillante et glabre. Les lamelles sont larges, écartées, échancrées et uncinées, à arête dentelée, blanchâtres ou rosées. Le pied est cylindrique, fibrilleux, creux, cassant, habituellement un peu courbé à la base, s'épaississant progressivement vers le bas, blanchâtre ou rose pâle, jaunâtre à la base. La chair est cassante, blanchâtre à rosée, immuable, à saveur et odeur de radis. La Mycène rose pousse dispersée de juillet à octobre, exclusivement sous les feuillus. Des méprises peuvent se produire lors du ramassage de Faux-mousserons ou de Clitocybes laqués. L'intoxication se manifeste par une salivation intense, des vomissements, de la diarrhée, des frissons et des malaises cardiaques.

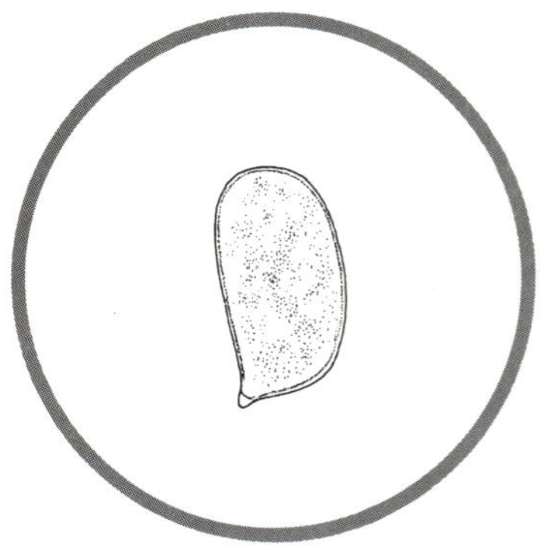

Spore de la Mycène rose

Tricholomatacées

Clitocybe laqué

Laccaria laccata (Sccp. : Fr.) Cooke

Tricholomatacées

Marasme faux-mousseron

Marasmius oreades (Bolt. : Fr.) Fr.

Clitocybe laqué

Faux-mousseron

Clitocybe laqué

Le chapeau, de 2 à 5 cm, est d'abord campanulé, plus tard jusqu'à plan, modérément convexe, déprimé au centre, rouge chair ou brun-rouge, pâlissant, avec une marge finement striée, peu charnu et transparent. La surface est lisse et finement floconneuse à l'âge adulte. Les lamelles sont espacées, larges, adnées ou un peu décurrentes, souvent ondulées, rouge-chair pâle, comme peintes d'une poussière blanche provenant des spores chez les spécimens âgés. Le pied est cylindrique, coriace, fibrilleux, farci avec l'âge, rouge chair, avec un mycélium blanc nettement visible à la base. La chair est rouge-chair pâle, hygrophane et immuable. Sa saveur et son odeur sont plutôt insignifiantes. Il est fréquent de juin à octobre, dans tous les types de forêt. C'est un bon comestible dont on n'utilise que les chapeaux. On le différencie de la Mycène rose par la coloration brun-rouge du carpophore, sa saveur, son odeur et ses spores. Les spores de la Mycène rose sont lisses, celles du Clitocybe laqué nettement hérissées d'aiguillons.

Faux-mousseron

(Voir description page 73.) Le Marasme faux-mousseron (ou Marasme des Oréades) est un excellent champignon comestible dont on ne récolte que les chapeaux. On le différencie aisément de la Mycène rose par son pied incassable et son odeur d'amande amère.

Spores du Clitocybe laqué

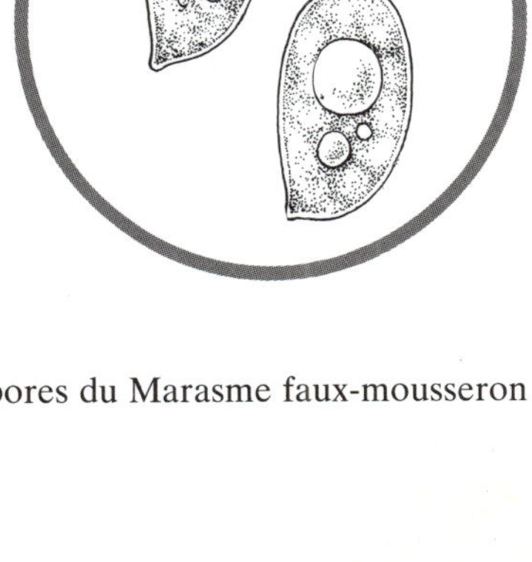

Spores du Marasme faux-mousseron

☠ Mycène pure

Tricholomatacées

Mycena pura (Pers. : Fr.) Kumm.

Le chapeau, de 2 à 4 cm, est d'abord conique, plus tard largement étalé, convexe à plan, avec un mamelon central ; il est violet-rose ou violet bleuâtre, glabre, translucide à hygrophane, peu charnu brillant par temps sec, plus foncé au centre par temps humide, avec des lamelles translucides et une marge striée. Les lamelles sont espacées, hautes, échancrées et uncinées, à arête dentelée, ventrues, blanchâtres ou lilas clair. Le pied est droit, grêle, fibrilleux, creux, cassant, légèrement pruineux en haut, lilas. La chair est mince, cassante, fragile, violet pâle et immuable. Sa saveur et son odeur rappellent fortement le radis. Elle pousse de juillet à novembre, dans tous les types de forêt, depuis la plaine jusqu'à l'étage subalpin, même au-delà de la limite de la forêt. Elle compte parmi les champignons les plus répandus de la zone tempérée. Légèrement toxique, elle contient des substances à noyau indolique, qui provoquent des hallucinations. Les troubles ne se manifestent cependant qu'après l'ingestion de grandes quantités. Il est toutefois déconseillé de ramasser la Mycène pure, car des personnes fragiles pourraient connaître des troubles sérieux.

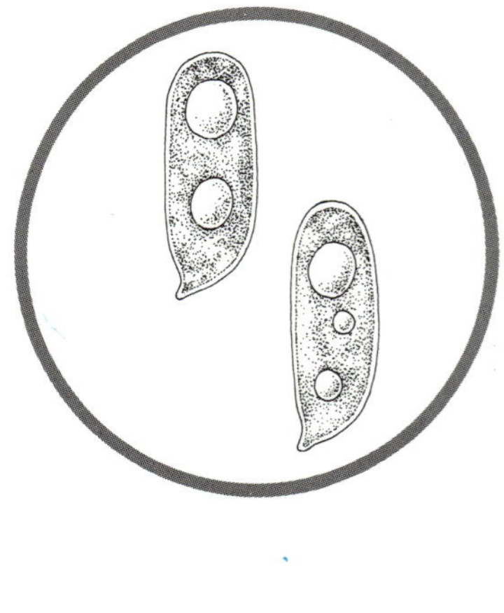

Spores de la Mycène pure

Clitocybe améthyste

Laccaria amethystea (Bull.) Murr.

Le chapeau, de 2 à 5 cm, est d'abord convexe, puis plan, déprimé au centre ; au début, la surface est glabre, plus tard veloutée à finement floconneuse. Il est violet foncé quand il est jeune, pâlissant avec l'âge dans des tons ocracés; la marge est finement striée et un peu ondulée. Les lamelles ont de 3 à 7 mm de haut, sont toujours violettes, espacées, souvent ondulées et couvertes de poussière blanche provenant des spores. Le pied est entièrement violet et mesure de 3 à 7 cm de haut, de 3 à 5 mm de large; il est ferme, cylindrique, parfois tordu et écrasé, plein quand il est jeune et plus tard fistuleux. La chair est violacée au début et pâlit ensuite dans des tons lilas; elle est coriace dans le pied. Elle n'a ni saveur ni odeur particulières. Elle pousse de juillet à octobre, dans les forêts de feuillus et de conifères, souvent en troupes importantes. Cette espèce comestible convient pour la préparation de soupes, de plats de champignons mélangés et partout où l'on souhaite mettre une touche de couleur. Ce Clitocybe conserve aussi sa coloration violette dans les préparations à base de vinaigre. Pour la consommation, on n'utilise que les chapeaux. On le différencie aisément de la Mycène pure par son odeur et sa saveur qui ne rappellent pas le radis d'une façon aussi marquée, et il a toujours des lamelles plus foncées. La différenciation microscopique est simple: les spores du Clitocybe améthyste sont sphériques et hérissées d'aiguillons, celles de la Mycène pure sont ellipsoïdes et lisses.

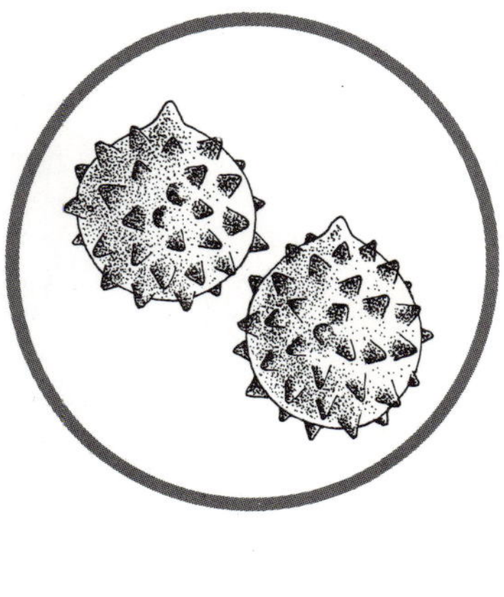

Spores du Clitocybe améthyste

☠ Bolet amer

Boletacées

Tylopilus felleus (Bull. : Fr.) P. Karst.

Le chapeau, de 6 à 12 cm, gris ou brun-gris, est, au début, hémisphérique, plus tard convexe et épais, étalé avec l'âge. Chez les sujets jeunes, la cuticule est légèrement feutrée, glabre à l'âge adulte, mate. Les tubes sont blancs au début, plus tard roses, longs de 15 à 20 mm, vite recourbés en avant, virant au brun rouille avec l'âge ou aux endroits lésés. Les pores sont petits, arrondis, puis anguleux. Le pied est blanc sale ou brunâtre, un peu renflé à la base et muni d'un réseau brun foncé nettement marqué : il mesure de 3 à 11 cm de haut et de 1 à 2,5 cm de large. La chair est blanche, faiblement brunâtre sous la cuticule, immuable, ferme chez les jeunes carpophores, se ramollissant dans le chapeau avec l'âge, fibreuse dans le pied. La saveur est très amère, l'odeur de champignon est peu marquée mais agréable. Il est fréquent en été et automne, dans les forêts de pins, d'épicéas et mixtes. Son amertume en fait un champignon inconsommable, mais il n'est pas nocif.

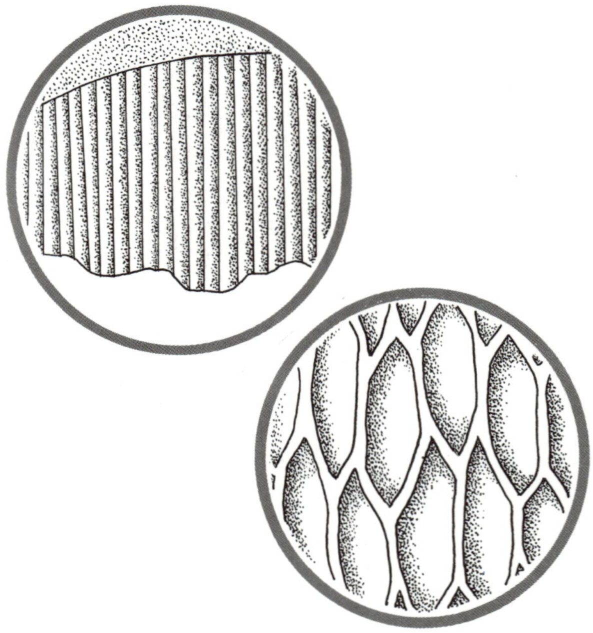

Tubes et réseau du Bolet amer

Cèpe de Bordeaux

Boletus edulis Bull. : Fr.

Le chapeau, d'un diamètre de 5 à 20 cm, est d'abord hémisphérique, plus tard convexe, très étalé avec l'âge, pulviné, parfois aussi déprimé et charnu. Au début, il est blanc ou blanchâtre, brun foncé à l'âge adulte, lisse. Les tubes ont de 8 à 30 mm de long. D'abord blancs, ils deviennent ensuite jaune pâle, vert jaunâtre à maturité. Le pied est en massue, renflé en bas ou cylindrique, blanc, virant au brun et est recouvert d'un réseau blanc dans la moitié supérieure. La chair est blanche ou blanchâtre, immuable, crème pâle sous la cuticule, de saveur légèrement douceâtre et agréable et d'odeur de champignon. Ce Cèpe pousse en été et automne, surtout dans les forêts d'épicéas de basse et de moyenne montagne ; il vient aussi sous les chênes et les hêtres de plaine, mais plus rarement. Le nombre de carpophores produits est influencé par l'intensité du ramassage. En levant la totalité des jeunes carpophores, on écarte toute possibilité de récoltes futures. C'est un excellent comestible. On le différencie en toute certitude du Bolet amer par son goût agréable, le beau réseau blanc de son pied et les tubes vert jaunâtre.

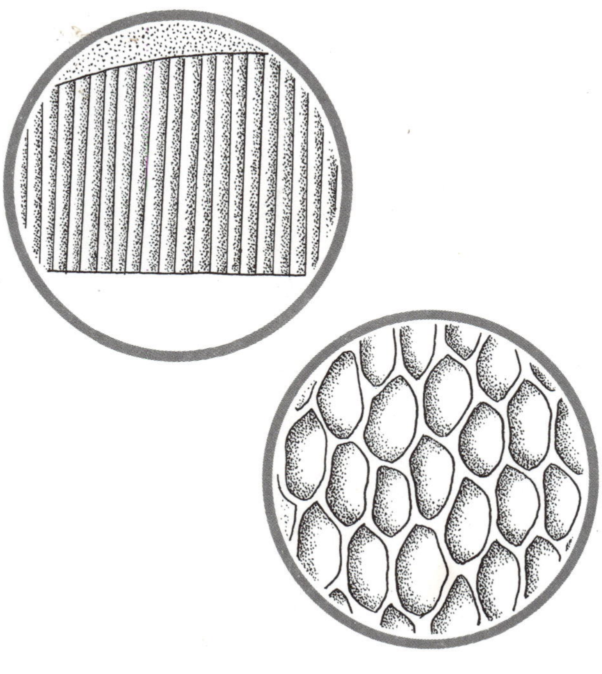

Tubes et réseau du Cèpe de Bordeaux

☠ Tricholome émarginé

Tricholoma sejunctum (Sow. : Fr.) Quél.

Le chapeau, de 5 à 10 cm, est, au début, convexe campanulé avec la marge enroulée, et plus tard, étalé plan, un peu bossu avec une marge mince, droite ou flexueuse. La cuticule est un peu visqueuse, sèche, brillante, vert-jaune à brun jaunâtre, plus foncée au centre, couverte de fines écailles brun foncé ou de fibrilles radiales innées, visqueuse par temps humide et facilement détachable avec l'âge. Les lamelles sont émarginées, uncinées, moyennement serrées, blanches, plus tard d'un ton jaunâtre tendre, légèrement brunâtres à maturité, ondulées, à arêtes déchirées. Le pied, de 4 à 9 cm de long et 1 à 3 cm d'épaisseur, est cylindrique, souvent effilé en bas et courbé, plein, blanc ou blanchâtre avec une nuance jaunâtre, un peu brunâtre avec l'âge, lisse, glabre ou finement fibrilleux et un peu brillant. La chair est blanche, faiblement jaunâtre sous la cuticule et immuable. Elle a une saveur de farine acide, un peu amère à âpre, et une odeur de farine. Le Tricholome émarginé pousse d'août à octobre, surtout dans les forêts de feuillus, plus rarement sous les conifères; il est cependant totalement absent de certaines régions. C'est un champignon vénéneux (surtout les carpophores ramassés dans les forêts de pins) pouvant provoquer des intoxications gastro-intestinales légères à moyennement graves.

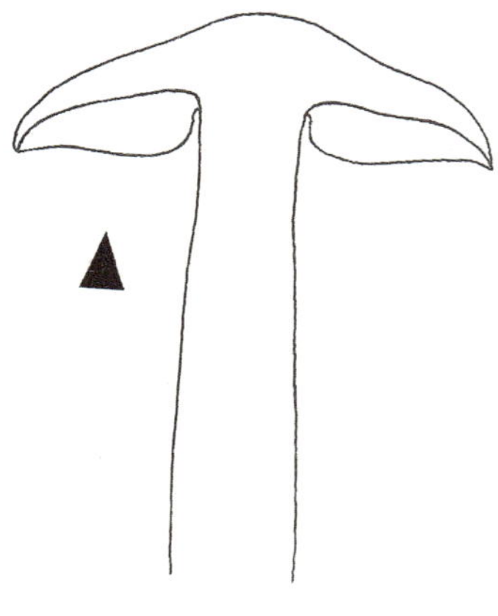

Coupe du Tricholome émarginé

Tricholomatacées

Tricholome équestre

Tricholoma equestre (L. : Fr.) Kumm

Tricholomatacées

Tricholome prétentieux

Tricholoma portentosum (Fr.) Quél.

Tricholome équestre
(Voir description page 113.) Le Tricholome équestre, encore appelé Jaunet, pousse de septembre à début novembre, surtout dans les forêts de pins à sol sablonneux. Cet excellent comestible est utilisé de multiples façons en cuisine. On le distingue du Tricholome émarginé par ses lamelles jaune soufre et sa saveur délicate et douce.

Tricholome prétentieux
(Voir description page 109.) Le Tricholome prétentieux, ou Petit-gris, pousse de septembre à novembre, dans les bois de pins à substrat sablonneux. C'est un champignon très apprécié qui se différencie du Tricholome émarginé par sa saveur délicate et les stations où il pousse.

Tricholome équestre

Tricholome prétentieux

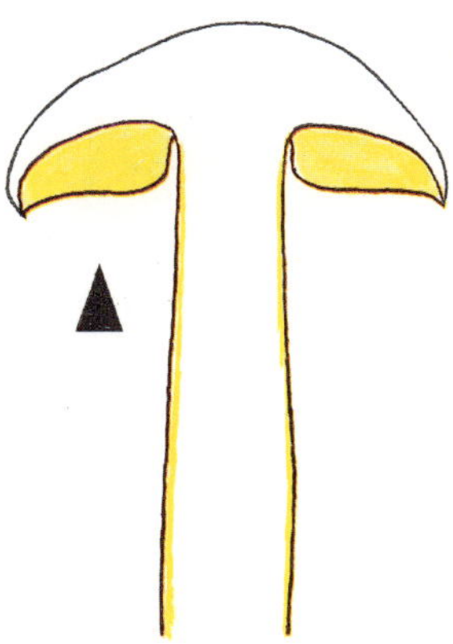

Coupe du Tricholome équestre

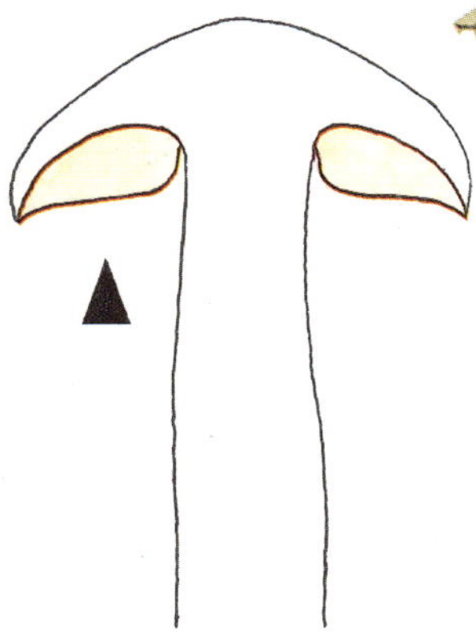

Coupe du Tricholome prétentieux

☠ Tricholome tigré

Tricholoma pardinum Quél.

Le chapeau a un diamètre de 5 à 12 cm. Il est convexe campanulé dans le jeune âge, irrégulier, à marge enroulée, avec un mamelon central ; plus tard, il est étalé-campanulé à marge mince, jusqu'à plan, gris bistre sale à fuligineux ou brun cendré, couvert de fines mèches fibrilleuses, la plupart du temps larges mais peu saillantes ; au centre, ces mèches sont plus serrées et le chapeau est donc plus foncé. La marge est pâle, dotée de petites fibrilles ou presque feutrée. Les lamelles sont blanches ou blanchâtres, plus tard jaune pâle, jamais grisâtres, larges, assez serrées et émarginées. Le pied est robuste, plein, un peu plus épais à la base, blanc au sommet, un peu ocracé dans son tiers inférieur, parfois complètement ocre sale avec l'âge, finement fibrilleux et tordu. La chair est blanche, coriace, d'une saveur et d'une odeur agréables de farine. Elle ne vire pas à la cassure. Cette espèce rare pousse en été et au début de l'automne, dans les forêts de conifères et de feuillus, principalement en sol calcaire. Les carpophores viennent isolément et très exceptionnellement en groupes. Ce champignon est très toxique. Une à deux heures après ingestion, il provoque une gastro-entérite très douloureuse.

Surface du chapeau du Tricholome tigré

Tricholome couleur de terre

Tricholoma terreum (Schaeff. : Fr.) Kumm

Le chapeau, d'un diamètre de 4 à 8 cm, est d'abord conique campanulé et très vite étalé plan avec un petit mamelon et une marge ondulée ; tomenteux au début, il se couvre ensuite de fines squames fibrilleuses. Les lamelles sont moyennement serrées, relativement larges, uncinées, blanches, grisâtres à l'âge adulte, à arête un peu dentelée à ondulée. Le pied est cylindrique, plein, farci avec l'âge, blanc devenant grisâtre, fibrilleux, tordu, blanc furfuracé sous le chapeau, fragile et mou. La chair du chapeau est grisâtre, celle du pied blanche ; elle a une saveur agréable et une faible odeur de farine. Ce champignon pousse en troupes nombreuses de septembre à novembre, dans les forêts de conifères et mixtes, surtout dans les clairières et en lisière de forêt, mais aussi dans les bois denses d'épicéas et de pins. Il vient la plupart du temps dans les forêts sur sol pauvre et sablonneux. Ce tricholome est comestible, et il est particulièrement apprécié dans certaines régions. Grâce à son abondance, on peut le trouver facilement. On le distingue aisément du Tricholome tigré par la surface de son chapeau, sa taille plus petite et la plus grande fragilité de ses carpophores. La cuticule du Tricholome tigré présente de grandes squames et il a toujours un pied épais et robuste. De plus, il est très rare et ne pousse, en général, jamais en troupes.

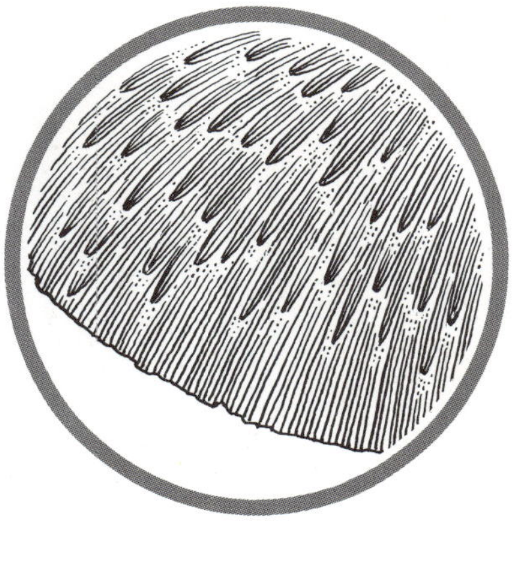

Surface du chapeau du Tricholome couleur de terre

☠ Paxille enroulé

Paxillus involutus (Batsch : Fr.) Fr.

Le chapeau, de 4 à 11 cm, est d'abord convexe, puis étalé-plan, nettement enroulé, brun ocracé, brun rouille ou brun olive et virant au brun aux endroits lésés. La cuticule est lisse, au début feutrée, plus tard glabre, mate, très visqueuse par temps humide. Les lamelles mesurent de 4 à 6 cm de large ; elles sont minces, serrées, décurrentes, d'abord ocracées, puis brun rouille avec l'âge, se tachant de brun au toucher. Le pied, de 3 à 5 cm de haut et de 1 à 2 cm de large, est cylindrique, plein, lisse, glabre et ocre-brun. Chez les jeunes sujets, la chair est ocre pâle, plus tard brunâtre, molle, humide, de saveur acide et d'une odeur agréable de champignon. Le Paxille enroulé pousse de juillet à novembre, dans tous les types de forêts. Les carpophores poussent surtout sous les bouleaux d'une allée, les parcs, les jardins et les bosquets ; ils peuvent même venir en grand nombre dans les villes, par exemple sur une plate-bande entre plusieurs bouleaux. Bien que la présence d'aucune substance toxique n'ait été constatée jusqu'à présent dans ce champignon, on le considère comme une espèce dangereuse sur la base d'analyses récentes. Après une ingestion répétée, il peut causer de graves lésions à l'organisme.

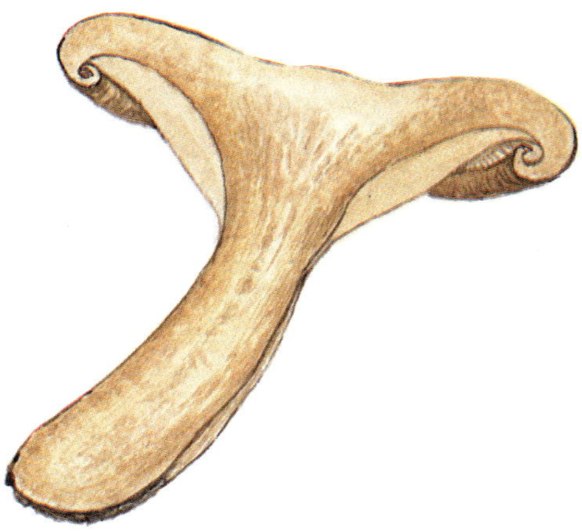

Coupe du carpophore du Paxille enroulé

Gomphide glutineux

Gomphidius glutinosus (Schaeff. : Fr.) Fr.

Le chapeau, d'un diamètre de 5 à 11 cm, est convexe chez les jeunes sujets, modérément mamelonné, plus tard plan, déprimé à creusé, brun-gris, brun chair ou chocolat, maculé de bistre noir facilement détachable avec la cuticule. Les lamelles sont blanchâtres jeunes, éparses, puis noires avec l'âge, épaisses, basses et décurrentes. Chez les jeunes spécimens, elles sont couvertes d'un voile hyalin mucilagineux qui, avec l'âge, forme un bourrelet glutineux élevé. Le pied est cylindrique, plein, visqueux, blanchâtre en haut et jaune citron en bas. La chair est molle, blanche, devenant gris clair plus tard, jaune citron à la base du pied ; elle a une saveur et une odeur peu marquées et faiblement acidulées. Ce champignon pousse de juillet à octobre, dans les forêts de conifères, depuis la zone collinaire jusqu'à la haute montagne. Fréquent, il pousse en troupes nombreuses dans les bois d'épicéas. Cette espèce est comestible et relativement appréciée. Elle est souvent conservée dans du vinaigre où elle garde une consistance remarquable grâce à sa teneur en pectine. Elle se différencie du Paxille enroulé par de nombreux caractères. Il y a cependant parfois des confusions. Quand les amateurs de champignons cherchent des Gomphides glutineux par temps de pluie, ils ramassent aussi par erreur de jeunes Paxilles enroulés qui, en surface, sont tout aussi visqueux et gluants. Mais le Gomphide glutineux présente une épaisse couche de mucus et, quand on coupe le carpophore, on reconnaît la chair nettement jaune citron, à la base du pied.

Coupe du carpophore du Gomphide glutineux

☠ Entolome livide

Entoloma lividum (Bull. : St. Am.) Quél.

Le chapeau, d'un diamètre de 5 à 15 cm, est d'abord hémisphérique, plus tard convexe avec la marge enroulée, étalé plan avec l'âge avec un mamelon obtus au centre, parfois aussi ondulé, blanchâtre, jaunâtre, grisonnant à ocracé, brillant soyeux, lisse, sec, charnu et présentant un lacis de fibrilles. Les lamelles sont jaune blanchâtre jeunes et si serrées que l'on peut difficilement les différencier dans les très jeunes carpophores. Les ramasseurs de champignons les prennent parfois pour des tubes et confondent ainsi l'Entolome livide avec des Bolets. Chez les sujets adultes, les lamelles sont presque lâches ; elles se teintent de rose au cours du mûrissement des spores jusqu'à être finalement rouge-chair. Le pied est robuste, cylindrique (sa base est en massue dans le jeune âge), blanc, plus tard jaunâtre, au début plein, puis farci ou creux, fibrilleux et floconneux au sommet. La chair est ferme, blanche, immuable d'une saveur agréable de farine et avec une odeur de concombre frais. Ce champignon pousse de mai à septembre, dans les forêts de feuillus, la plupart du temps sous les hêtres en sol calcaire. Il préfère les stations chaudes. Son aspect incite à le ramasser, mais il s'agit d'un champignon toxique qui provoque de graves troubles gastriques, voire la mort. Il faut donc être prudent quand on ramasse en forêt des Tricholomes de la Saint-Georges qui lui ressemblent. On peut aussi facilement le confondre avec le Clitocybe nébuleux, l'Entolome en bouclier, le Tricholome prétentieux ou même, quand il est jeune, avec le Cèpe des chênes.

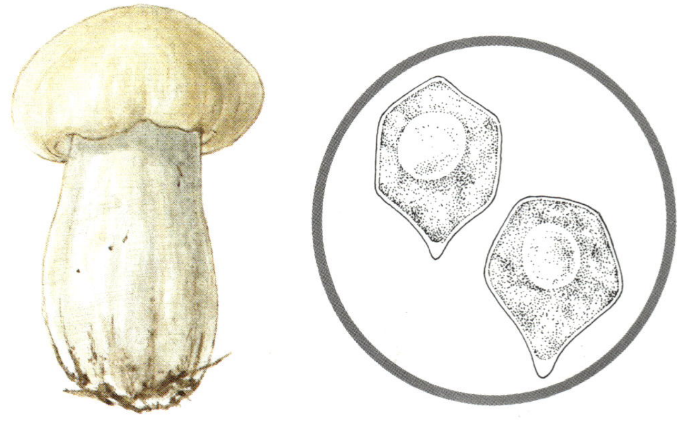

Jeune Entolome livide et ses spores

Tricholomatacées

Clitocybe nébuleux

Clitocybe nebularis (Batsch. : Fr.) Kumm

Tricholomatacées

Tricholome prétentieux

Tricholoma portentosum (Fr.) Quél.

Clitocybe nébuleux

Le chapeau atteint de 5 à 15 cm ; d'abord presque hémisphérique, il devient ensuite convexe avec la marge enroulée, déprimé avec une marge mince en vieillissant, gris cendré à blanc-gris pruineux. Les lamelles sont serrées, un peu décurrentes et blanches. Le pied est cylindrique, fibrilleux, blanc virant au gris. La chair est blanche, immuable, d'une odeur douce et d'une agréable saveur de champignon (légèrement acidulée avec l'âge). Ce champignon est fréquent d'août à novembre, dans tous les types de forêts. Il est comestible, mais quelques gastroentérites ont cependant été observées. En raison de son arôme prononcé, il ne faut ramasser que de jeunes sujets. On le différencie de l'Entolome livide par ses lamelles blanches décurrentes.

Clitocybe nébuleux

Tricholome prétentieux

D'abord campanulé avec une marge enroulée, le chapeau devient ensuite convexe, irrégulièrement flexueux, gris à noir grisâtre, poivre et sel, lisse et brillant. Les lamelles sont espacées, uncinées, blanches et nuancées de citron. La chair est blanche, immuable, d'une saveur douce de noix et d'une odeur acide de farine. Ce Tricholome pousse de septembre à novembre, dans les bois de pins sur sol sablonneux. C'est un excellent champignon comestible et qui, même âgé, ne présente jamais de lamelles rosées.

Tricholome prétentieux

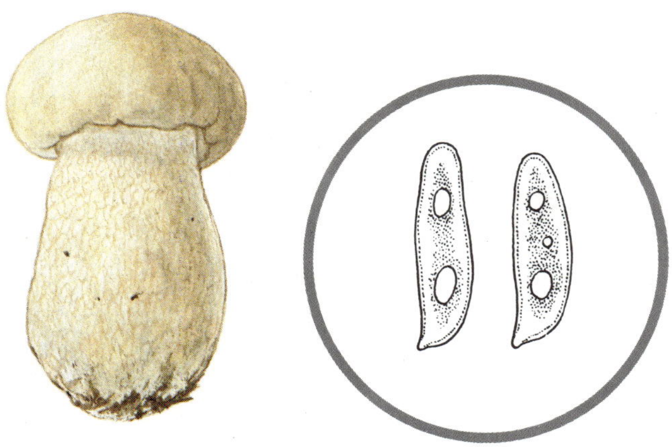

Jeune Cèpe des chênes et ses spores

Russulacées

☠ Lactaire scrobiculé

Lactarius scrobiculatus (Scop. : Fr.) Fr.

Le chapeau, de 5 à 15 cm de diamètre, est jaune paille ou jaune ocre, coriace, charnu, déprimé au centre dès le plus jeune âge, visqueux, avec des taches en forme de fossettes, à marge enroulée, couvert d'un duvet apprimé qui se transformera en poils redressés, mais avec le centre glabre. Les lamelles ont de 8 à 12 mm de large ; elles sont adnées, jaunâtres, pâles, souvent avec une arête jaune, très fines et serrées. Le pied court, cylindrique, de 4 à 6 cm de long et de 2 à 3 cm de large, est blême, jaune pâle, d'abord plein puis creux, parsemé de taches déprimées et rouille ocracé (scrobicules). La chair est blanche, très coriace et vire au jaune par le lait. Ce lait est blanc, mais vire au jaune soufre à l'air; fort âcre, il coule en abondance aux endroits lésés. Le Lactaire scrobiculé pousse en été et automne, dans les épaisses forêts de conifères de montagne. Il est localement abondant – ailleurs très rare – et est plus fréquent en sol acide. En raison de son âcreté, cette espèce ne convient pas à des fins culinaires. Bien des spécialistes la considèrent comme faiblement toxique, car son lait, extrêmement brûlant, irrite le système digestif et peut provoquer diarrhée et vomissements. Les troubles se manifestent de 1 à 3 heures après l'ingestion.

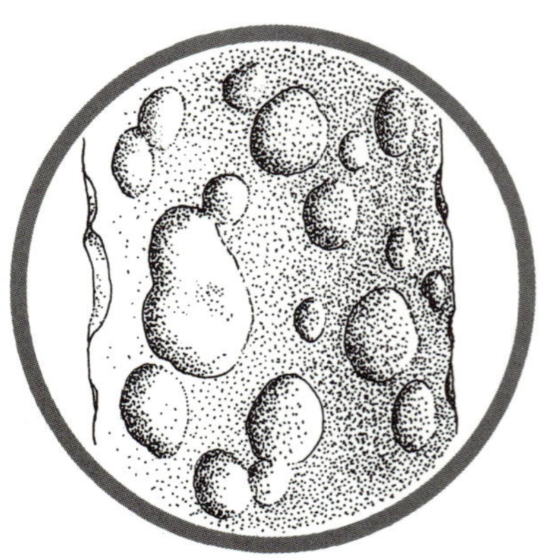

Pied du Lactaire scrobiculé

Lactaire délicieux

Lactarius deliciosus (L. Fr.) SF Gray

Le chapeau, de 3 à 15 cm de large, est convexe à bord enroulé quand il est jeune, plus tard plan, déprimé au centre, jusqu'à infundibuliforme à l'âge adulte avec une marge mince et flexueuse, rouge chair ou rouge-orangé avec des zones concentriques foncées bien marquées ; la surface est d'abord finement tomenteuse, plus tard glabre, et visqueuse par temps de pluie. Les lamelles, de 4 à 9 mm de large, sont jaune-rouge carné clair et virent au vert aux endroits lésés ; elles sont serrées, cassantes et décurrentes. Le pied cylindrique, lisse, rouge-orangé, parfois moucheté de fossettes orange avec l'âge, creux, cassant, mesure de 3 à 6 cm de haut et de 1,5 à 2 cm de large. La chair est blanchâtre, elle exsude à la cassure un lait rouge carotte qui vire au vert sous l'effet de l'oxygène. La saveur est douce à légèrement âcre et l'odeur est forte et agréable. Ce lactaire pousse d'août à novembre, sous les pins. Il a commencé à étendre son aire de distribution au cours des dernières années et supplante le Lactaire des épicéas dans de nombreuses régions. Sa saveur spécifique est très bien mise en valeur dans le vinaigre ou au feu de bois. On le différencie aisément du Lactaire scrobiculé par son lait rouge carotte.

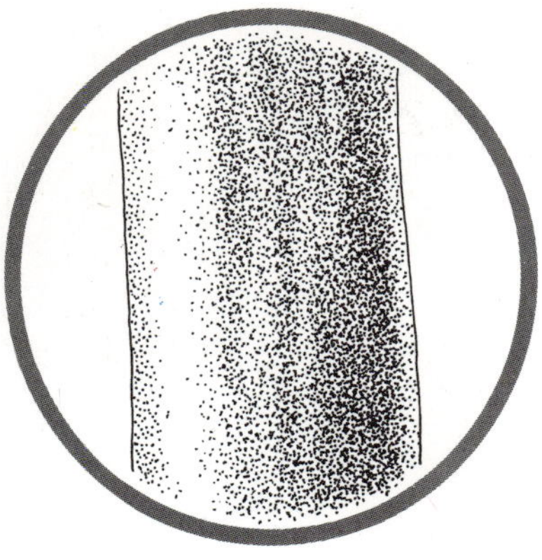

Pied du Lactaire délicieux

☠ Cortinaire à couleur de rocou

Cortinariacées

Cortinarius orellanus (Fr.) Fr.

Le chapeau, d'un diamètre de 3,5 à 10 cm, est d'abord hémisphérique campanulé avec marge enroulée, puis étalé convexe avec un mamelon bas et irrégulièrement ondulé, à marge parfois flexueuse. La cuticule n'est pas hygrophane (elle ne change pas de couleur en fonction de l'humidité), elle est veloutée, tomenteuse, finement squameuse, puis glabre avec l'âge, brun orangé à brun rougeâtre. Les lamelles sont émarginées, uncinées, écartées, épaisses, larges à ventrues, d'abord jaune safran, plus tard brun orangé, jusqu'à brun cannelle avec l'âge. Chez les jeunes spécimens, elles sont couvertes de fibres arachnéennes. Le pied est cylindrique légèrement atténué à la base, droit, parfois courbé, plein, à fibrilles longitudinales, jaunâtre, se teintant un peu de brun au toucher ou avec l'âge. La chair est mince dans le chapeau, plus épaisse au sommet, ferme, brun jaunâtre, avec une saveur et une odeur faibles de radis ; dans le pied, elle est très ferme et de même couleur que dans le chapeau. Le Cortinaire à couleur de rocou pousse d'août à octobre, isolément ou en petits groupes, surtout dans les forêts de feuillus, le plus fréquemment en sol acide sous les chênes. Cette espèce est commune dans quelques régions, rare ou totalement absente dans d'autres. C'est un champignon mortel.

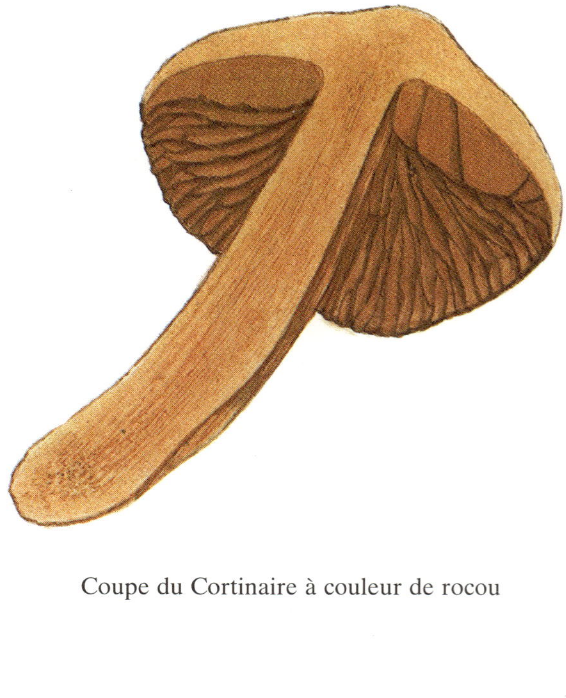

Coupe du Cortinaire à couleur de rocou

Tricholome équestre

Tricholoma equestre (L. : Fr.) Kumm

Le chapeau, de 3 à 9 cm, est convexe avec marge enroulée quand il est jeune, plus tard étalé plan, flexueux, à marge mince, brun verdâtre, vert olive ou safrané à vert-jaune, habituellement plus foncé au centre, lisse, un peu gluant par temps humide et souvent souillé par le substrat. La cuticule est détachable et peut être brun doré chez les spécimens poussant au soleil. Les lamelles sont serrées, uncinées, d'un jaune soufre vif. Le pied est cylindrique, plein et court ; il atteint 2 cm de large ; lisse, presque glabre ou fibrilleux longitudinalement, il est jaune, jaune-vert ou jaune-brun, la plupart du temps souillé à la base par une épaisse couche de terre. La chair est dure, cassante, blanche et faiblement jaunâtre à jaune citron sous la cuticule ; elle a une agréable odeur de farine et une saveur délicate de noix. Ce tricholome pousse surtout dans les forêts de pins sur sol sablonneux, de septembre à début novembre et vient souvent en grandes troupes ou en ronds de sorcières. On le trouve aussi, mais plus rarement, sous les trembles ou les chênes. En raison de sa saveur délicate, le Tricholome équestre compte parmi les champignons trouvant de multiples utilisations culinaires. On le différencie du Cortinaire à couleur de rocou par la teinte claire de sa chair, son odeur et sa saveur et ainsi que par ses lamelles, qui ne sont pas couvertes d'une cortine.

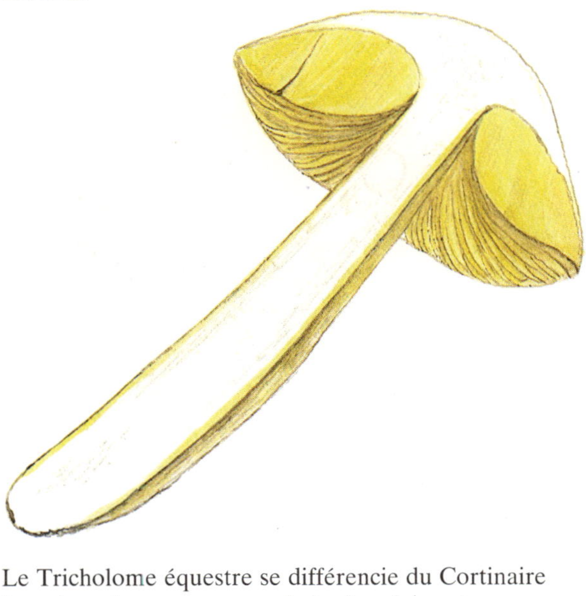

Le Tricholome équestre se différencie du Cortinaire à couleur de rocou par sa chair plus claire et ses lamelles d'un jaune éclatant.

☠ Cortinaire à mamelon pointu

Cortinariacées

Cortinarius speciosissimus Kühn. et Romagn.

Le chapeau mesure de 2,5 à 8 cm de diamètre ; d'abord hémisphérique avec une marge un peu enroulée, il devient ensuite conique, campanulé à étalé-convexe avec un gros mamelon, orange pâle à brun orangé, squameux-floconneux et à marge parfois flexueuse. La cuticule n'est pas hygrophane. Les lamelles sont épaisses et profondément échancrées ; elles atteignent 14 mm de large et sont cannelle safrané, couvertes dans leur jeune âge d'une cortine de même couleur que la cuticule. Le pied est cylindrique, un peu renflé à la base et effilé en bas, droit, plein, fibrilleux longitudinalement, brun orangé avec des fibrilles plus foncées ; il mesure de 5 à 11 cm de haut et de 5 à 15 cm de large. La chair est mince dans le chapeau, plus épaisse au sommet, ferme, safran pâle, avec une saveur et une odeur de radis ; elle est très ferme dans le pied et de même teinte que dans le chapeau. Ce champignon pousse d'août à octobre, isolément ou en petits groupes dans les bois de pins et d'épicéas en terrain marécageux et tourbeux. C'est un champignon toxique redoutable qui, comme le Cortinaire à couleur de rocou, contient des substances provoquant des lésions du foie et des reins.

La coupe transversale du Cortinaire à mamelon pointu montre la coloration plus foncée de la chair.

Pholiote ridée

Rozites caperata (Pers. : Fr.) P. Karst

Le chapeau, de 4 à 10 cm de large, est au début hémisphérique avec marge enroulée ou cylindrique, plus tard convexe, avec l'âge étalé-plan avec une marge mince et un mamelon obtus au centre. D'abord blanchâtre avec une pruine violacée, il devient peu à peu glabre, jaune glaiseux, ridé par temps sec avec la marge fendillée. Le bord du chapeau est relié au pied, chez les spécimens jeunes, par un épais voile membraneux. Les lamelles font de 7 à 10 mm de large ; elles sont moyennement serrées, uncinées, au début ocre jaune, plus tard ocre glaiseux, brun rouille avec l'âge, à arête denticulée et blanchâtre. Dès le début, le pied est cylindrique, en massue, plus tard cylindrique et bulbeux à la base, plein, blanchâtre, et mesure de 5 à 12 cm de haut et de 1 à 2 cm de large. Plus tard, il prend des tons ocracés et devient brillant à soyeux, finement fibrilleux, lisse, glabre, avec de fines squames au-dessus de l'anneau. L'anneau a une double marge ; d'abord blanchâtre, il est ensuite jaunâtre. La chair est blanchâtre à jaunâtre, jaune ocre sous la cuticule ; elle est immuable à la coupe, d'une saveur agréable et douce et sans odeur particulière. La Pholiote ridée pousse d'août à octobre, surtout dans les forêts de conifères, de la plaine à la montagne. On la trouve la plupart du temps en sol acide. Ce champignon comestible a une saveur carnée après une bonne préparation. On différencie ses jeunes carpophores du Cortinaire à mamelon pointu par l'enveloppe membraneuse qui recouvre leurs lamelles.

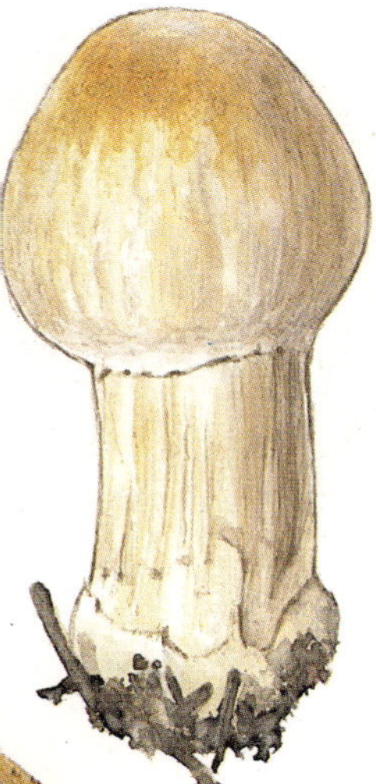

La Pholiote ridée a une chair plus claire et un anneau membraneux.

☠ Cortinaire pourpre

Cortinarius phoeniceus (Bull.) R. Maire

Le chapeau, de 2 à 6 cm de large, est d'abord en forme de gland, plus tard convexe obtus et, en vieillissant, étalé avec un mamelon obtus. La marge est un peu enroulée, plus tard flexueuse à lobée. La surface est sèche, soyeuse à fibrilleuse, parfois finement squamuleuse et partiellement hygrophane (devenant plus foncée par temps humide). La cuticule est finement squameuse, brun-rouge ou châtain avec des tons rouges. Les lamelles sont modérément serrées, cassantes, émarginées, couvertes d'une cortine chez les jeunes sujets, rouge sang, avec des tons olivâtres avec l'âge. Le pied est cylindrique, jaune permanent sous le chapeau, ailleurs ocracé à rouille orangé, avec des fibrilles couleur sang. Les débris de la cortine sont rouge pourpre et demeurent longtemps sur le tiers supérieur du pied comme un vague anneau. La chair est amère et sent le navet. Le Cortinaire pourpre pousse de juillet à fin octobre, en petits groupes sur sol acide sous les épicéas, les pins, plus rarement sous les hêtres. Il est très répandu localement et totalement absent ailleurs. Cette espèce est toxique et peut provoquer de graves lésions du foie et des reins, comme le Cortinaire à couleur de rocou (voir page 112).

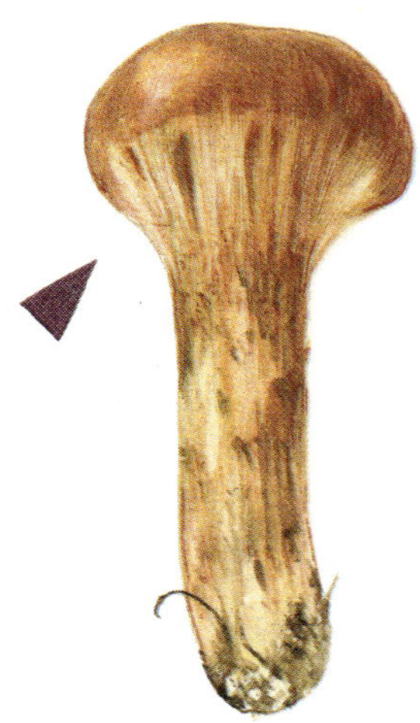

Chez les jeunes carpophores de Cortinaires, les lamelles sont couvertes d'un voile arachnéen appelé cortine.

Clitocybe laqué

Laccaria proxima var. *proxima* (Boud.) Pat.

Le chapeau, de 35 à 70 mm, est d'abord hémisphérique, plan avec un vague mamelon chez les sujets âgés, d'abord finement tomenteux, plus tard avec des squames fines, un peu strié sur le bord, rouge chair ou orange brunâtre, ocre clair par temps sec. Les lamelles, de 3 à 10 mm de large, sont espacées, adnées, rose foncé, couvertes d'une sporée blanche à l'âge adulte. Le pied mesure de 4 à 10 cm de long et de 4 à 8 mm de large; il est cylindrique, creux fistuleux, couvert de fibrilles longitudinales, brun-rouge carné, brun à la base et un peu élargi, parfois fusiforme tordu. La chair est rouge carné clair, coriace, d'une saveur douce de champignon et sans odeur particulière. Ce Clitocybe pousse de juillet à novembre, dans les forêts de conifères et de feuillus, la plupart du temps sous les pins en sol sablonneux, de la plaine à la montagne. On le trouve aussi, dispersé, dans les sphaignes de biotopes marécageux et dans les pâturages d'altitude au milieu des forêts. Il pousse également sous les bouleaux. Cette espèce est comestible. Pour la consommation, on n'utilise que les chapeaux, car les pieds sont trop coriaces et fibreux. On distingue aisément les jeunes carpophores de *Laccaria proxima* du Cortinaire pourpre par leurs lamelles qui ne sont pas aussi rouges et ne sont pas couvertes d'une cortine.

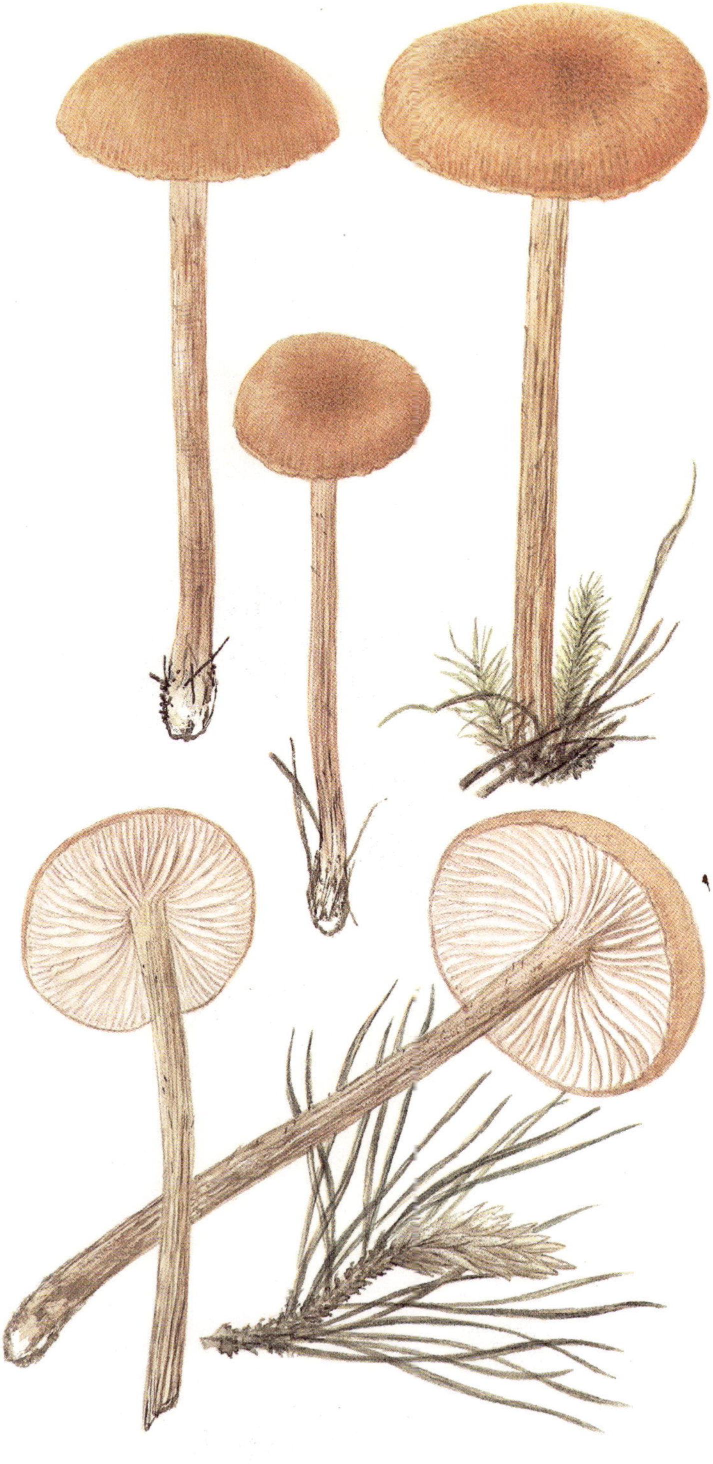

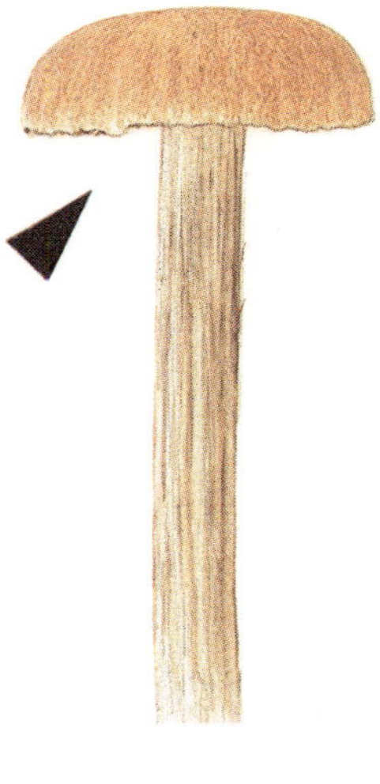

Les Clitocybes laqués n'ont jamais de cortine.

Cortinaire à odeur de bouc

Cortinarius traganus (Fr. : Fr.) Fr.

Le chapeau, de 4 à 6 cm de large, est hémisphérique quand il est jeune, lilas, brillant à soyeux, relié au pied par un voile violet ; adulte, il est convexe à plan, ocre clair à blanchâtre, pâlissant, souvent éclaté et sec. La marge porte des débris de la cortine qui couvrait les lamelles au début. Les lamelles sont assez serrées, adnées, d'abord ocre safrané, ensuite rouille virant au brun rouille. Au début, le pied est ventru, plus tard en forme de massue, plein, lilas, pâlissant dans les tons ocracés, blanchâtres en bas. La chair est jaune sale à brun jaunâtre, rouille à la base du pied et immuable. Elle a une saveur fortement amère chez les jeunes spécimens et une odeur désagréable de bouc. Ce Cortinaire est fréquent d'août à octobre, dans les forêts de feuillus et de conifères, surtout en sol acide. Il est considéré comme légèrement toxique, en raison de sa teneur en substances nocives.

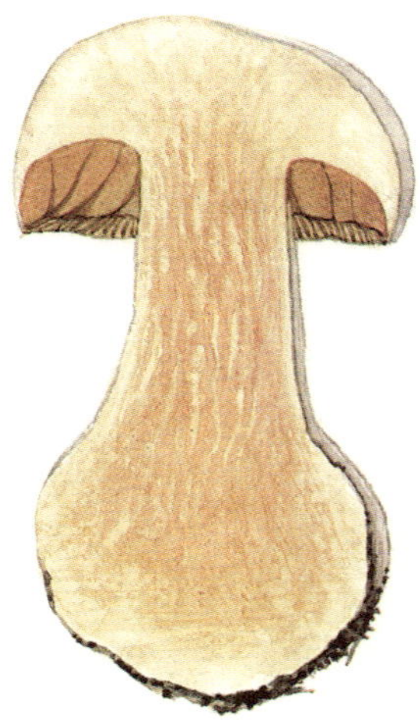

Le Cortinaire à odeur de bouc a une chair plus foncée, d'odeur désagréable.

Cortinaire remarquable

Cortinarius praestans (Cord.) Gill.

Pholiote ridée

Rozites caperata (Pers. : Fr.) P. Karst

Cortinaire remarquable

Le chapeau, de 10 à 20 cm de diamètre, est, chez les jeunes spécimens, petit, presque hémisphérique, posé sur un bulbe relativement gros auquel il est fixé par un voile. La marge est enroulée, le chapeau adulte est convexe, brun châtain avec des tons cuivrés teintés de violet, à fines fibrilles adhérentes, brillant, avec des débris floconneux et apprimés de la cortine, à marge nettement cannelée radialement. Les lamelles sont serrées, blanchâtres avec des tons améthyste, plus tard crème, jusqu'à rouille à l'âge adulte. Elles sont échancrées et leur arête est généralement ondulée et fimbriée. Le pied est plein, en massue, épaissi à la base en sabot, fibrilleux à soyeux, d'abord violet pâle, puis couvert d'un voile violet ou blanchâtre sur fond jaunâtre et qui se déchire en plusieurs anneaux squameux. La chair est dure, d'abord blanchâtre, plus tard isabelle, d'une saveur douce et sans odeur particulière. Il pousse d'août à fin septembre, surtout dans les forêts de feuillus de basse montagne sur sol calcaire. Il est plus fréquent en Europe occidentale. C'est un bon comestible qui fait partie des plus gros Cortinaires. On le différencie du Cortinaire à odeur de bouc par sa chair plus claire, sans odeur marquée.

Pholiote ridée

(Voir description page 115). La Pholiote ridée, très savoureuse et très recherchée, se différencie du Cortinaire à odeur de bouc par la chair blanchâtre-jaune et par son odeur agréable.

Pholiote ridée

Cortinaire remarquable

La Pholiote ridée a une chair plus claire et un anneau membraneux.

☠ Cortinaire sanguin

Cortinarius sanguineus (Wolf. : Fr.) Fr.

Le chapeau, de 2 à 5 cm de diamètre, est convexe dans sa jeunesse, plus tard étalé, souvent muni d'un mamelon, peu charnu, mat, avec de fines squames floconneuses, rouge sang foncé ou pourpre brunâtre, pâlissant par temps sec. Les lamelles sont serrées, rouge sang foncé à rouge grenat, ventrues, uncinées ; chez les très vieux spécimens, les spores mûres les teintent en cannelle. Jeunes, les lamelles sont couvertes d'un voile fibrilleux pourpre dont il ne reste, avec l'âge, que des débris fibrilleux sur le pied. Ce pied cylindrique, d'environ 5 mm de large, est un peu courbé, effilé à la base, d'abord plein, plus tard farci à creux, fibrilleux et pourpre foncé. La chair est pourpre-rouge et pâlit à la dessiccation ; elle a une saveur et une odeur de navet. Le Cortinaire sanguin pousse d'août à octobre, dans les forêts de feuillus en plaine et en montagne, dans l'humus et sur des souches couvertes de mousse. C'est un champignon relativement rare, que de nombreux spécialistes classent parmi les espèces toxiques. Son étude est loin d'être terminée, et l'on découvre sans cesse de nouvelles toxines et de nouvelles substances nocives dans ce champignon. Un Cortinaire sanguin de couleur rouge et de petite taille peut être aisément confondu avec le Clitocybe laqué.

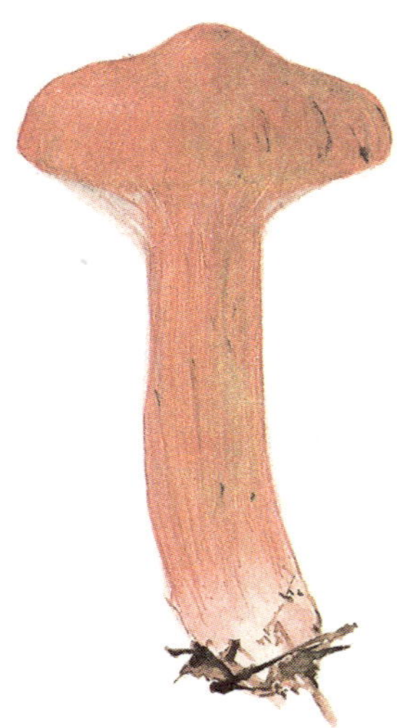

On différencie aisément tous les Cortinaires des Clitocybes laqués par leur voile arachnéen qui couvre les lamelles des jeunes spécimens.

Clitocybe laqué

Laccaria laccata (Scop. : Fr.) Cooke

Le chapeau, de 2 à 5 cm, est d'abord convexe, puis plan et légèrement creusé au centre. Au début, la surface est glabre, puis veloutée à un peu squameuse, à marge striée, translucide, couleur chair, brun rougeâtre ou couleur de peau, crème ocracé par temps sec. Les lamelles, de 3 à 7 mm de large, sont adnées à légèrement décurrentes, nettement écartées, rouge chair pâle et couvertes d'une sporée blanche avec l'âge. Le pied, de 3 à 7 cm de haut et de 3 à 5 cm de large, est brun rougeâtre, fibrilleux, ferme, cylindrique et parfois tordu. La chair est mince, rouge chair clair, pâlissant ensuite, coriace dans le pied, sans odeur ni saveur particulières. Ce champignon pousse de juillet à octobre, dans les forêts de feuillus et de conifères, dans les clairières, les fossés des forêts, les parcs et les jardins, souvent en troupes nombreuses. Il existe plusieurs espèces apparentées. Elles se ressemblent fort et peuvent être confondues avec le Clitocybe laqué. Mais toutes sont comestibles. Pour la consommation, on n'utilisera que les chapeaux, car le pied est trop coriace. Il faut cependant veiller à ce que les lamelles des jeunes carpophores ne soient pas couvertes d'une cortine, car il s'agirait alors de Cortinaires.

Les Clitocybes laqués n'ont jamais de cortine.

☠ Cortinaire ocre-rouge

Cortinarius bolaris (Pers. : Fr.) Fr.

Le chapeau, de 3 à 6 cm de large, est d'abord hémisphérique, plus tard largement étalé à convexe avec le sommet arrondi, blanchâtre, puis jaunâtre et enfin rougeâtre à jaune safran, parsemé de mèches rouges apprimées et sec. Les lamelles sont modérément serrées, arquées à décurrentes, souvent fourchues, au début brunâtres hygrophanes, pâles, plus tard cannelle, virant au rouge carmin aux endroits lésés ; chez les tout jeunes sujets, elles sont couvertes d'une cortine rougeâtre. Le pied est cylindrique, creux avec l'âge, jaunissant, se teintant finalement de rouge, d'abord fibrilleux, plus tard couvert de fines mèches striées, virant au pourpre et parfois jusqu'au noir au toucher. La chair, d'abord blanche, vire peu à peu au rouge ; elle est sans odeur marquée et de saveur amère. Ce Cortinaire pousse isolément d'août à septembre, dans les bois de hêtres et de chênes, surtout dans les endroits humides. Il vient en petits groupes dans les biotopes les plus favorables. Ce champignon est vénéneux. Il contient une toxine aisément identifiable par des techniques microscopiques spéciales. Son ingestion peut provoquer des troubles entraînant des lésions rénales. Cette intoxication nécessite un traitement médical.

Les lamelles du Cortinaire ocre-rouge sont couvertes d'une cortine chez les jeunes sujets.

Tricholome rutilant

Tricholomopsis rutilans (Schaeff. : Fr.) Sing

Le chapeau, d'un diamètre de 4 à 7 cm, est d'abord campanulé avec une marge enroulée, plus tard étalé à plan et à marge mince ; jeune, il est couvert de petites squames rouges imbriquées qui, chez le champignon adulte, se détachent de la cuticule jaunâtre translucide ; il est sec et mat. Les lamelles sont modérément serrées, uncinées, à arête arrondie, jaune d'or. Le pied est cylindrique, coriace, un peu ventru dans son jeune âge, plein, jaune d'or avec des ponctuations pourprées à rouges. La chair est ferme, humide, jaune foncé, immuable, d'une saveur faiblement acidulée et d'une odeur douce d'humus et de moisi. Ce Tricholome est très courant de juillet à octobre, de la plaine à la montagne, sur les souches et les racines cachées des conifères, surtout des pins ; il pousse souvent en petites touffes. Il compte parmi les bons comestibles (surtout les jeunes carpophores), mais sa qualité est controversée. Lors de la cuisson, les plats contenant le Tricholome rutilant prennent une couleur foncée et un petit goût terreux, et il faut donc choisir une préparation qui n'en souffrira pas. On peut par exemple le faire mariner au vinaigre, puis le mélanger à d'autres champignons ou à des pâtes. Il ne convient ni pour des potages ni pour former un plat à lui seul. On le différencie aisément des Cortinaires par le fait qu'il pousse sur du bois, que les jeunes spécimens n'ont pas de cortine et que ses lamelles sont toujours jaunâtres.

Les lamelles du Tricholome rutilant sont jaunes.

☠ Tricholome soufré

Tricholoma sulphureum (Bull. : Fr.) Kumm.

Large de 2 à 7 cm, le chapeau est d'abord campanulé, puis vite largement étalé avec un mamelon obtus ; il est mince. La cuticule est lisse, glabre, brillante, jaune soufre à olivâtre, un peu brunâtre au centre. Les lamelles sont espacées, épaisses, émarginées, uncinées et jaune soufre. Le pied est cylindrique, habituellement très long, plein, farci à creux avec l'âge, jaune soufre avec de petites fibrilles rouille. La chair de tout le carpophore est jaune soufre et immuable ; elle a une odeur horrible de gaz de ville et une saveur désagréable, un peu âcre. On trouve ce champignon de juillet à novembre dans les forêts de feuillus, plus rarement de conifères, la plupart du temps sous les hêtres où il vient en troupes considérables. Là, on peut le confondre avec le Tricholome équestre qui est pourtant très rare sous les hêtres et surtout dans les bois de feuillus. Le Tricholome soufré est toxique et provoque des troubles digestifs accompagnés de vomissements, de 1 à 3 heures après ingestion. Il contient de grandes quantités de substances à noyau indolique qui sont vraisemblablement à l'origine de l'odeur désagréable de cette espèce et de l'intoxication.

Coupe du carpophore du Tricholome soufré (la chair du pied est d'un jaune marqué)

Tricholome équestre

Tricholoma equestre (L. : Fr.) Kumm.

(Voir description page 113.) Les personnes distraites confondent parfois le Tricholome équestre avec le Tricholome soufré, toxique lors de ramassages dans les bois de feuillus ou mixtes. Cela arrive souvent à des fumeurs qui ne reconnaissent pas l'odeur du Tricholome soufré. Heureusement, l'intoxication n'est pas trop grave et n'est jamais mortelle. Il faut cependant garder en mémoire les caractères distinctifs du Tricholome équestre. Cet excellent champignon, qui trouve de multiples utilisations culinaires, se différencie du Tricholome soufré par son agréable parfum de farine, sa saveur délicate, sa chair claire et ses lamelles plus serrées.

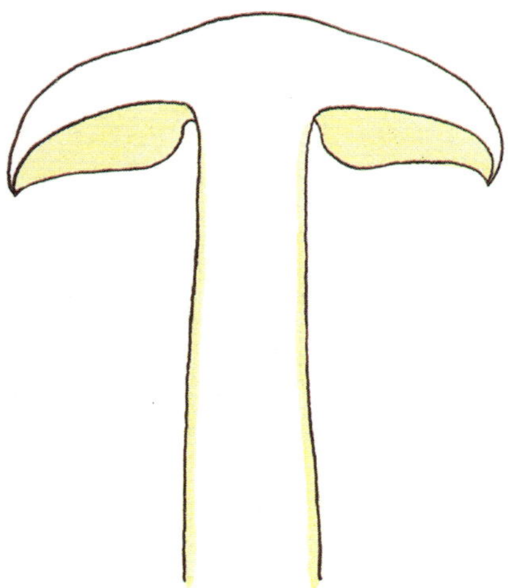

Coupe du Tricholome équestre

Lépiote brune ou helvéolée

Agaricacées

Lepiota helveola Bres.

Le chapeau, de 1,5 à 4 cm de diamètre, finement tomenteux et sec, est d'abord hémisphérique, plus tard étalé avec un mamelon et une marge floconneuse. Les jeunes carpophores ont une cuticule brun-rouge foncé, plus claire sur les bords avec des tons rosés. Avec l'âge, des écailles, de longueur variable et disposées en cercles concentriques, apparaissent à la surface du chapeau. Elles sont rouge chair à rouge brique, très petites et retroussées de 1 mm environ. Entre les écailles apparaît la surface rose sale du chapeau. Les lamelles sont serrées, blanches, relativement larges et libres. Le pied est fibrilleux, squameux puis glabre, et de même couleur que le chapeau. À peu près au milieu du pied, on trouve un anneau blanc, squameux, fugace et discret. Au-dessus, le pied est couvert de très fines fibrilles blanches. La chair est blanche, elle vire au rose en séchant, et n'a ni saveur ni odeur marquées. La Lépiote brune pousse d'août à octobre dans les régions chaudes, dans l'herbe des jardins, les pâturages et en bordure de forêt. Plus fréquente en sol calcaire, elle compte toutefois parmi les espèces rares. Elle appartient au groupe des petites Lépiotes rougeâtres qui contiennent des substances toxiques semblables à celles de l'Amanite phalloïde. Elle provoque donc un empoisonnement de type phalloïdien après ingestion, avec diarrhée et vomissements persistants, suivis de lésions du foie. Le traitement est le même qu'en cas d'intoxication par l'Amanite phalloïde. La Lépiote brune peut être confondue avec la Lépiote déguenillée ou le Marasme faux-mousseron.

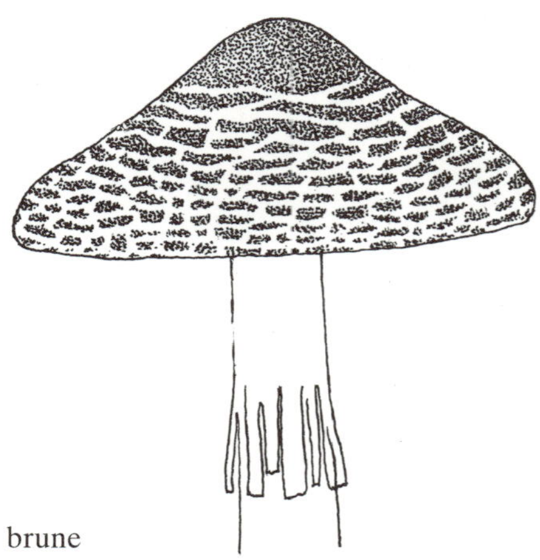

Chapeau de la Lépiote brune

Lépiote déguenillée

Macrolepiota rhacodes (Vitt.) Sing.

(Voir description pages 45 et 131.) La Lépiote déguenillée vient isolément ou en groupes importants, de juillet à octobre, dans les forêts de feuillus et de conifères, surtout dans les biotopes chauds et secs. Son mycélium reste plusieurs années sur les mêmes stations. On la trouve également dans les peuplements purs d'acacias, par ailleurs relativement pauvres en espèces de champignons. Une variété claire de cette Lépiote pousse parfois dans les jardins, sur les tas de compost et les sols bien fumés : il s'agit de la variété *hortensis*. La Lépiote déguenillée compte parmi les excellents champignons comestibles, mais elle est moins ramassée que la Coulemelle, peut être en raison du rougissement de sa chair à l'air. On la différencie de la Lépiote brune par son carpophore plus grand.

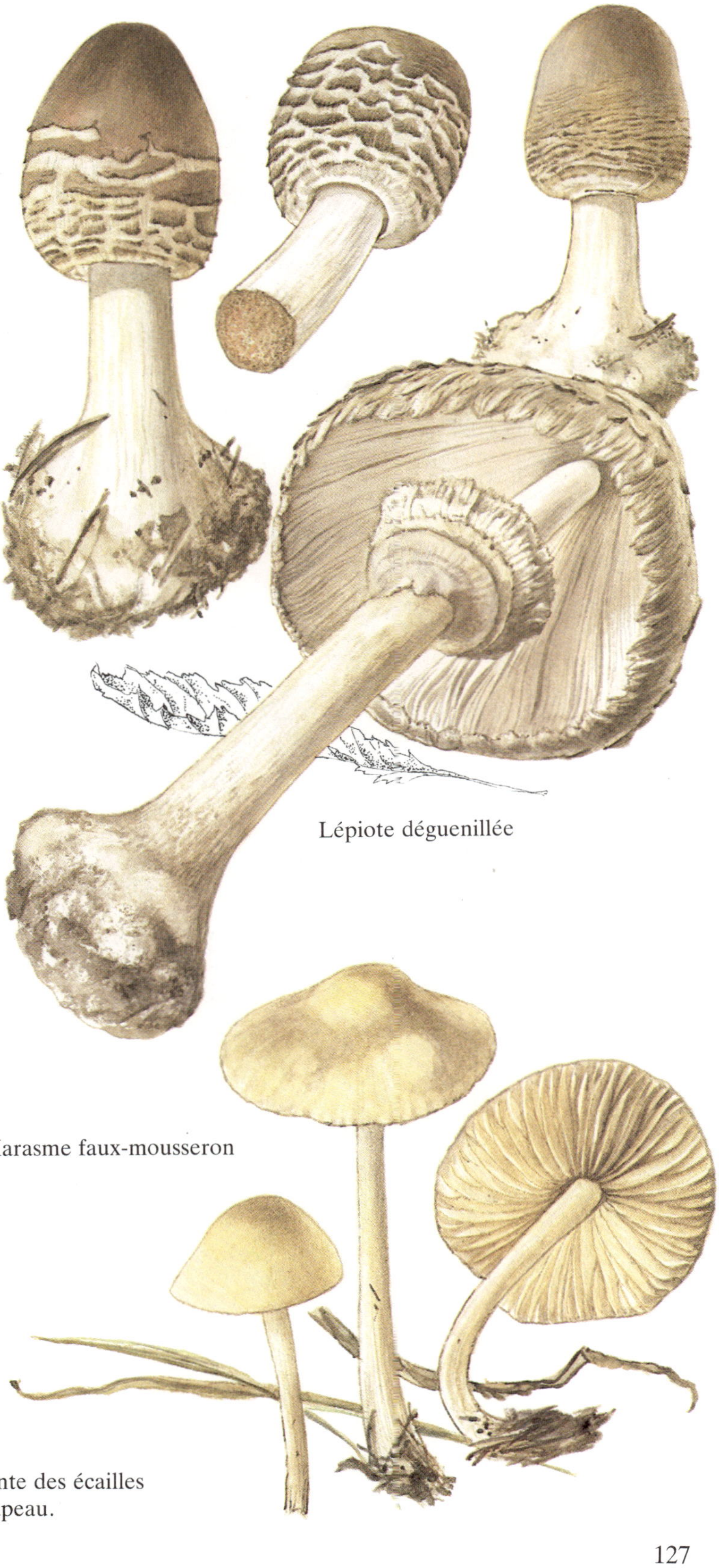

La Lépiote déguenillée présente des écailles très nettes à la surface du chapeau.

☠ *Lepiota fuscovinacea*

Moell. et J. Lange

Agaricacées

Le chapeau, de 3 à 5 cm de large, est hémisphérique chez les jeunes sujets, plus tard largement campanulé avec un sommet arrondi, étalé avec l'âge mais toujours avec un mamelon, au début brun rougeâtre, légèrement tomenteux, se craquant en larges écailles apprimées ou couvert de fines mèches décollées de la cuticule. Les lamelles sont couvertes d'un voile violet grisâtre chez les jeunes spécimens, puis libres avec l'âge, très serrées et blanches. Le pied est droit, cylindrique, en haut glabre et blanc, ailleurs très cotonneux avec des fibrilles lilas pourpre (brun-gris plus bas), doté d'un anneau membraneux blanchâtre et fibrilleux. La chair est mince, blanche, fibrilleuse soyeuse entre les écailles rouge vineux pâle. Sans saveur particulière, elle présente une faible odeur de fruit. Cette espèce pousse très isolée, d'août à septembre, dans les régions chaudes, sous les épicéas et les pins en sol calcaire. Comme d'autres petites Lépiotes de couleur, elle contient les toxines de l'Amanite phalloïde et provoque, après ingestion, une intoxication phalloïdienne accompagnée de diarrhée persistante, de vomissements violents et finalement de lésions du foie. Le traitement est le même que pour l'Amanite phalloïde. *Lepiota fuscovinacea* est confondue sporadiquement avec le Clitocybe laqué ou le Faux-mousseron.

Chez *Lépiota fuscovinacea,* l'anneau est bien visible.

Tricholomatacées

Clitocybe laqué

Laccaria laccata (Scop. : Fr.) Cooke

Tricholomatacées

Marasme faux-mousseron

Marasmius oreades (Bolt.: Fr.) Fr.

Clitocybe laqué
(Voir description page 121.) Lors de la cueillette, il faut surtout prêter attention au pied et aux lamelles. A la différence de *Lepiota fuscovinacea,* le Clitocybe laqué est dépourvu d'anneau et ses lamelles sont rouge chair clair et, avec l'âge, comme laquées d'une poussière blanche.

Faux-mousseron
Le chapeau mesure de 1,5 à 3,5 cm de large; jeune, il est conique obtus ou convexe hémisphérique, plus tard étalé, avec un mamelon central obtus. Sa marge est finement striée par des cannelures translucides; ailleurs il est lisse, beige ou chair clair, plus foncé par temps humide. Les lamelles sont très espacées, larges, épaisses, écartées, un peu plus claires que le chapeau. Le pied est cylindrique, long, grêle, plein, pruineux, ocre clair, blanc cotonneux à la base, élastique, très résistant à incassable. La chair est blanchâtre, très mince, immuable, de saveur agréable et présentant un parfum d'amande amère. Le Faux-mousseron pousse de mai à octobre, dans les lieux herbeux – lisières, prairies, jardins – de la plaine à la montagne. Cet excellent comestible convient particulièrement pour les potages. On ne ramasse que les chapeaux. On le différencie de *Lepiota fuscovinacea* par l'absence d'anneau et son pied extrêmement élastique. La surface de son chapeau est lisse, comme chez le Clitocybe laqué, et non écailleuse.

Clitocybe laqué

Faux-mousseron

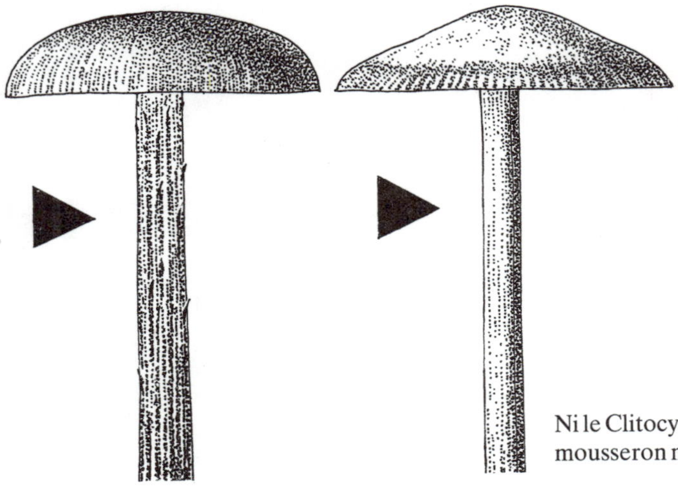

Ni le Clitocybe laqué (à gauche) ni le Faux-mousseron n'ont d'anneau.

Lépiote à écailles aiguës

Cystolepiota aspera (Pers.)

Le chapeau, de 5 à 11 cm de large, est hémisphérique au début, plus tard convexe à plan, tomenteux, brun tabac, couvert de petites écailles serrées brun-noir, se dressant comme des aiguillons et légèrement retombantes avec l'âge. Les lamelles sont blanches, serrées, libres et très larges. Le pied est droit, un peu fragile et cylindrique ; il s'élargit en un bulbe lisse et bas, fistuleux avec l'âge, blanchâtre et lisse au-dessus de l'anneau, couvert de poils fins au-dessous ; il est blanc et présente de nombreux aiguillons bruns hérissés, qui se propagent à l'anneau. Chez les jeunes sujets, les lamelles sont couvertes d'un voile fibrilleux qui, avec l'âge, forme un anneau étroit, brun-rouge, écailleux. La chair est blanche, immuable, d'une saveur légèrement acide et d'une forte odeur de scléroderme. Rare, cette espèce pousse de juillet à octobre, dans tous les types de forêts ou dans les jardins. Elle est légèrement vénéneuse. L'intoxication est accompagnée de vomissements et de diarrhée. On a constaté dans ce champignon la présence des toxines de l'Amanite phalloïde, mais en faible quantité.

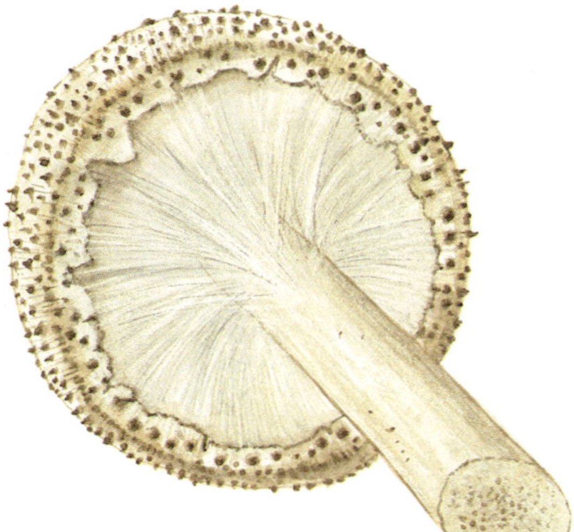

Jeune carpophore de Lépiote à écailles aiguës – les lamelles sont encore couvertes d'un voile fibrilleux.

Lépiote déguenillée

Macrolepiota rhacodes (Vitt.) Sing.

Le chapeau, d'un diamètre de 9 à 14 cm, est presque sphérique chez les jeunes sujets, plus tard convexe à campanulé, étalé-plan chez les champignons adultes avec un mamelon central. Sa surface est éclatée en très grandes écailles d'abord brun clair, puis foncées, disposées comme les tuiles d'un toit et décollées; la cuticule ne reste fermée qu'au centre, autour du mamelon. Les lamelles sont serrées, larges, libres, arrondies au bord, blanches, se teintant de rouge aux endroits lésés, couvertes d'un voile membraneux dans le jeune âge. Le pied est cylindrique, fragile, nettement bulbeux, fistuleux, blanchâtre jeune, brunâtre adulte, virant au rouge au toucher. Le tiers supérieur présente un double anneau blanc et mobile. La chair est blanche, elle vire d'abord au jaune safran à la cassure, puis au rouge et peu à peu au brun. Elle est molle dans le chapeau, presque ligneuse dans le pied, elle a une saveur agréable et douce rappelant un peu la noix et une odeur marquée de champignon. Cette Lépiote est très fréquente de la plaine à la montagne, de juillet à octobre, dans les forêts de feuillus et de conifères, les jardins, les parcs et les peuplements purs d'acacias. Les carpophores poussent isolément ou en groupes importants. Très bon comestible, cette espèce se différencie de la Lépiote à écailles aiguës par le voile membraneux des jeunes sujets et plus tard par l'aspect différent des écailles sur la cuticule. Son parfum agréable de champignon, qui contraste avec l'odeur fétide et marquée de scléroderme de la Lépiote à écailles aiguës, est aussi un bon caractère d'identification.

Jeune carpophore de Lépiote déguenillée

☠ Hébélome à odeur de moutarde

Cortinariacées

Hebeloma sinapizans (Paulet : Fr.) Gill

Le chapeau, de 8 à 12 cm de large, est rouge brique, plus tard isabelle, lisse, glabre, peu visqueux, convexe à presque flexueux avec l'âge, coriace. Les lamelles sont serrées, à arête lisse, brun glaiseux à cannelle, non larmoyantes, larges, blanchâtres jeunes. Le pied est pâle, éclaté en écailles fibrilleuses, cylindrique, bulbeux à la base et charnu fibrilleux. La chair est blanchâtre à ocracée. Elle a une saveur et une odeur un peu amères de navet. Cet Hébélome pousse isolément de la plaine à la montagne, d'août à novembre, dans les forêts de feuillus et mixtes, surtout sous les hêtres dans les parcs. Son apparition n'a rien d'exceptionnel. Il compte parmi les espèces légèrement toxiques. Jusqu'à présent, personne ne l'a soumis à une étude approfondie, mais on connaît des cas d'intoxications légères dues à une confusion avec le Tricholome des peupliers ou des Mousserons de la Saint-Georges tardifs. L'intoxication se manifeste par une indisposition, des vomissements et de la diarrhée.

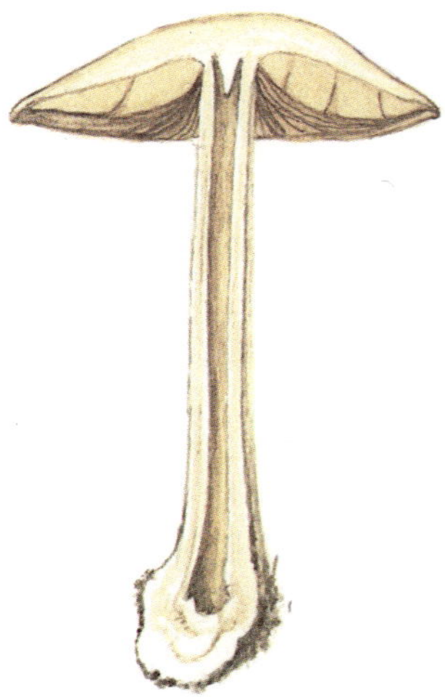

Coupe du carpophore de l'Hébélome à odeur de moutarde

Tricholome des peupliers

Tricholoma populinum J. Lange

Le chapeau, de 5 à 15 cm de diamètre, est d'abord hémisphérique à marge enroulée, puis étalé-plan à marge droite à l'âge adulte, charnu et ferme. La cuticule est brun-gris à brun-rouge chair, plus foncée à la pointe, détachable jusqu'aux deux tiers, parfois tachée. Les lamelles sont sinuées avec une denticule et décurrentes, serrées, blanchâtres à chair, et virent au rouille avec l'âge. Le pied est cylindrique, parfois renflé à la base, radicant, plein, lisse, furfuracé en haut, blanc, se teintant de rouille pâle. La chair est blanc pur permanent, épaisse, brunâtre sous la cuticule, d'une odeur de farine acidulée, d'une saveur acidulée au début mais qui devient âpre et amère au bout d'un moment. Cette espèce pousse d'août à octobre, de la plaine à la montagne, dans les forêts, les bosquets, les jardins et les allées sous les peupliers. Les carpophores se développent, par exemple, à proximité d'un peuplier se dressant dans un pré loin de la forêt. Ils apparaissent plusieurs années de suite dans les mêmes lieux et localement en abondance. Cette espèce convient très bien pour les préparations culinaires. La fermeté de sa chair permet de la conserver dans le vinaigre. Elle est utilisée pour la préparation de potages, de sauces et de viandes. La saveur âpre amère disparaît à la cuisson. On la différencie facilement de l'Hébélome à odeur de moutarde par la consistance de sa chair et son parfum de farine acidulée. Il est plus difficile de la distinguer des Tricholomes bruns qui, la plupart du temps, sont toxiques. Il faut surtout prêter attention aux arbres sous lesquels on la cueille. Comme son nom l'indique, le Tricholome des peupliers vient toujours sous des peupliers.

Coupe du Tricholome des peupliers

☠ Hébélome échaudé

Cortinariacées

Hebeloma crustuliniforme (Bull. : St. Am.) Quél.

D'un diamètre de 4 à 7 cm, le chapeau de ce champignon est ocre grisâtre, parfois brun foncé, toujours plus clair à la périphérie, lisse, glabre, un peu visqueux par temps humide, et souvent flexueux. Les lamelles sont serrées, minces, un peu denticulées sur l'arête, adhérentes, blanchâtres, plus tard brun argilacé, laissant suinter des gouttes d'un liquide amer qui, en séchant, les marque de taches foncées. Le pied est cylindrique, épaissi à la base, farci quand il est jeune, plus tard creux, blanchâtre à crème, et furfuracé. La chair est blanchâtre à crème clair, immuable, d'une odeur de navet et d'une saveur désagréable, parfois un peu astringente et amère. L'Hébélome échaudé pousse de mai à octobre, dans les forêts, les clairières, les allées, les parcs et partout où il y a suffisamment de débris végétaux. Il est modérément toxique et parvient parfois sur la table après un ramassage peu scrupuleux de Mousserons de la Saint-Georges tardifs ou de Tricholomes des peupliers. La cuisson ou des épices permettent parfois d'en masquer la saveur, mais il peut se produire une indisposition, des vomissements et des maux d'estomac.

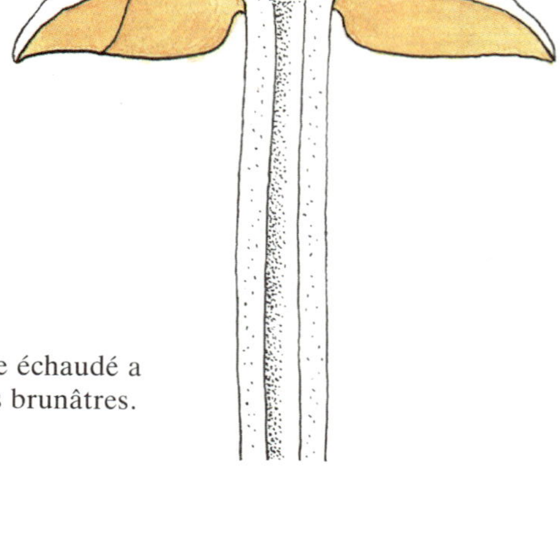

L'Hébélome échaudé a des lamelles brunâtres.

Tricholomatacées

Tricholome (Mousseron) de la Saint-Georges

Calocybe gambosa (Fr.) Donk

Tricholomatacées

Tricholome des peupliers

Tricholoma populinum J. Lange

Tricholome de la Saint-Georges

Le chapeau, large de 3 à 10 cm, est d'abord presque hémisphérique, plus tard campanulé, vite largement convexe, puis étalé à plan, longtemps avec une marge arrondie, enroulée, blanchâtre à ocre, rarement jaunâtre, lisse, glabre et charnu. Les lamelles sont très serrées, nettement étroites, uncinées, blanchâtres, crème avec l'âge. Le pied cylindrique atteint 3 cm de large ; il est ferme, plein, blanc et un peu brunâtre à la base avec l'âge. La chair est blanche, ferme, humide et immuable. Elle sent fortement la farine et présente une saveur de farine acidulée. Ce Tricholome est fréquent d'avril à juillet, dans toutes les forêts, surtout dans l'herbe des lisières, les chemins, les jardins, les parcs, sous les feuillus et les buissons. Par endroits, on le trouve aussi sur les pelouses. Il pousse de la plaine à la basse montagne. C'est un très bon comestible, très estimé en raison de sa précocité (voir description page 31). On le différencie de l'Hébélome échaudé par son odeur agréable de farine et sa saveur délicate de farine acidulée. Les lamelles, toujours blanches, si serrées chez les jeunes sujets qu'elles font penser aux feuilles d'un livre fermé, constituent aussi un caractère distinctif important.

Tricholome des peupliers

(Voir description page 133.) Il se différencie de l'Hébélome échaudé par son odeur de farine, sa saveur agréable et ses lamelles qui ne présentent jamais de taches sombres.

Tricholome de la Saint-Georges

Tricholome des peupliers

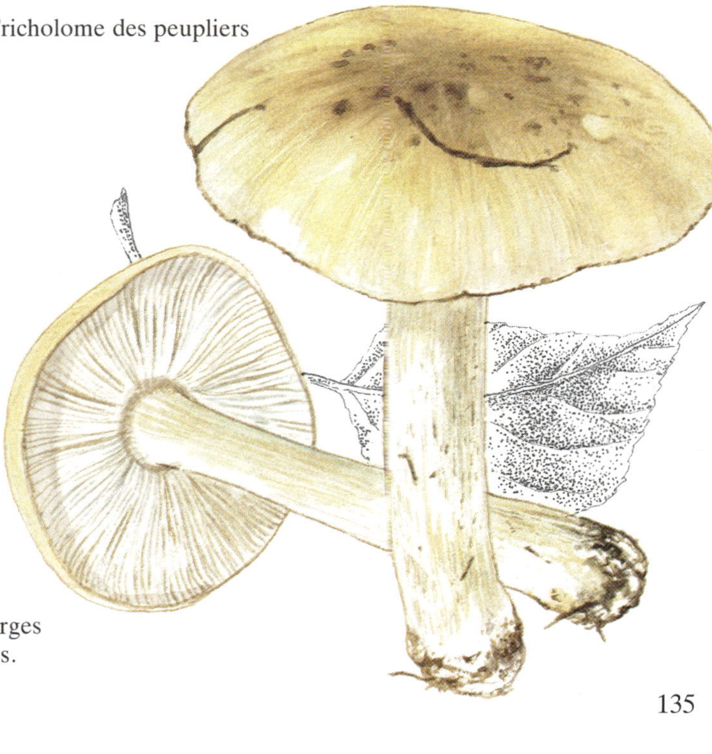

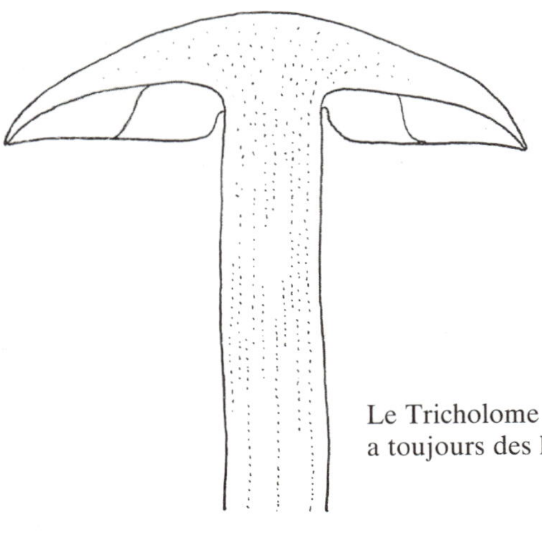

Le Tricholome de la Saint-Georges a toujours des lamelles blanches.

Tricholome vergeté

Tricholoma virgatum (Fr. : Fr.) Kumm.

Le chapeau, de 3 à 8 cm, est conique avec un mamelon très saillant chez les jeunes sujets, étalé-plan à l'âge adulte, à marge radialement fendillée, gris argenté, brillant, vergeté de fibrilles apprimées brun grisâtre. Les lamelles sont moyennement serrées, uncinées, blanches, vite grisâtres, à arête fimbriée et souvent mouchetées de points plus foncés. Le pied cylindrique atteint 10 cm ; il est lisse, blanc, vite grisonnant. La chair est gris blanchâtre et immuable. Elle sent faiblement l'humus et a une saveur poivrée amère. Peu fréquent, ce champignon pousse de septembre à novembre, dans les bois de conifères, surtout sous les épicéas et les pins. Cette espèce un peu toxique gâte non seulement les plats par son âcreté, mais peut aussi provoquer une intoxication déplaisante, accompagnée de vomissements et de diarrhée.

Le Tricholome vergeté présente des fibrilles apprimées à la surface du chapeau.

Tricholome couleur de terre

Tricholoma terreum (Schaeff. : Fr.) Kumm

(Voir description page 105.) Lorsque l'on ramasse des Tricholomes couleur de terre qui poussent généralement dans toutes les forêts en automne, il peut se produire des confusions avec le Tricholome vergeté, légèrement toxique. Retenons donc les caractères distinctifs du Tricholome couleur de terre. Ce champignon pousse en abondance de septembre à novembre, dans les forêts de conifères et mixtes, surtout dans les clairières et en lisière, dans les parcs mais aussi dans les bois épais d'épicéas et de pins. La plupart du temps, il vient dans les forêts de sol pauvre. Il est répandu dans toute la zone tempérée de l'hémisphère Nord et en Afrique. Il est comestible et facile à récolter en raison de son abondance. On le mélange à divers champignons et il entre dans la composition de potages. Il convient également pour la dessiccation et la conservation au vinaigre. On le différencie facilement du Tricholome vergeté par sa saveur peu marquée mais agréable (le Tricholome vergeté cru a une saveur amère à très poivrée) et son chapeau tomenteux ou squameux fibrilleux (la cuticule du Tricholome vergeté est lisse, brillante avec des fibrilles apprimées brun-gris).

Le Tricholome couleur de terre a un chapeau tomenteux ou squameux fibrilleux.

☠ Amanite engainée (vaginée)

Amanita vaginata (Bull. : Fr.) Quél.

Le chapeau, de 3 à 9 cm, est conique ou campanulé jeune, vite étalé à plan, avec un petit mamelon, gris à brun-gris, nettement strié assez loin de la marge, peu charnu, cassant, la plupart du temps glabre ou seulement avec quelques débris isolés de voile. Le jeune carpophore fait penser à un petit œuf. Quand l'enveloppe se déchire, une volve à pointes se forme à la partie inférieure du pied. La cuticule est brillante, poisseuse chez les jeunes sujets, glabre par temps sec. Les lamelles sont libres, serrées, larges, cassantes, et blanches. Le pied est fragile, droit, long et il s'élargit peu à peu à la base comme une quille ; il est lisse ou modérément squameux, blanc ou grisâtre, sans anneau, engainé à la base dans une volve blanche, à pointes, libre et haute. La chair est blanchâtre, fortement aqueuse, très cassante et immuable, elle est sans odeur particulière et d'une saveur douce faible. Cette Amanite est abondante de juin à octobre, dans les forêts de feuillus et de conifères en sol acide, surtout sous les bouleaux. Le carpophore cru est très toxique et, pour pouvoir le consommer, il faut toujours le faire cuire très longtemps. Une confusion est possible avec le carpophore atypique de l'Amanite phalloïde dont il se différencie surtout par l'absence d'anneau (comme toutes les Amanites du genre *Amanitopsis*).

Volvariées

Volvaire gluante

Volvariella speciosa (Fr.) Sing.

Amanitacées

Amanite brun-jaune

Amanita umbrinolutea Secr.

Volvaire gluante

(Voir description page 51.) Rappelons les caractéristiques qui permettent de la reconnaître facilement. Le chapeau mesure de 6 à 12 cm de large, sa cuticule est blanc sale, grisâtre à brunâtre. Les lamelles sont blanchâtres à l'état jeune, rose carné avec l'âge. Le pied est blanc, sans anneau, engainé à la base dans une volve blanchâtre, libre à lobes pointus. La chair est blanche, avec une odeur et une saveur mielleuses de pomme de terre. On la différencie de l'Amanite engainée par les lamelles qui deviennent rose carné avec l'âge et par ses stations : elle pousse hors de la forêt, dans des lieux bien fumés, tels que les champs, les jardins, les parcs et près des tas de compost.

Volvaire gluante

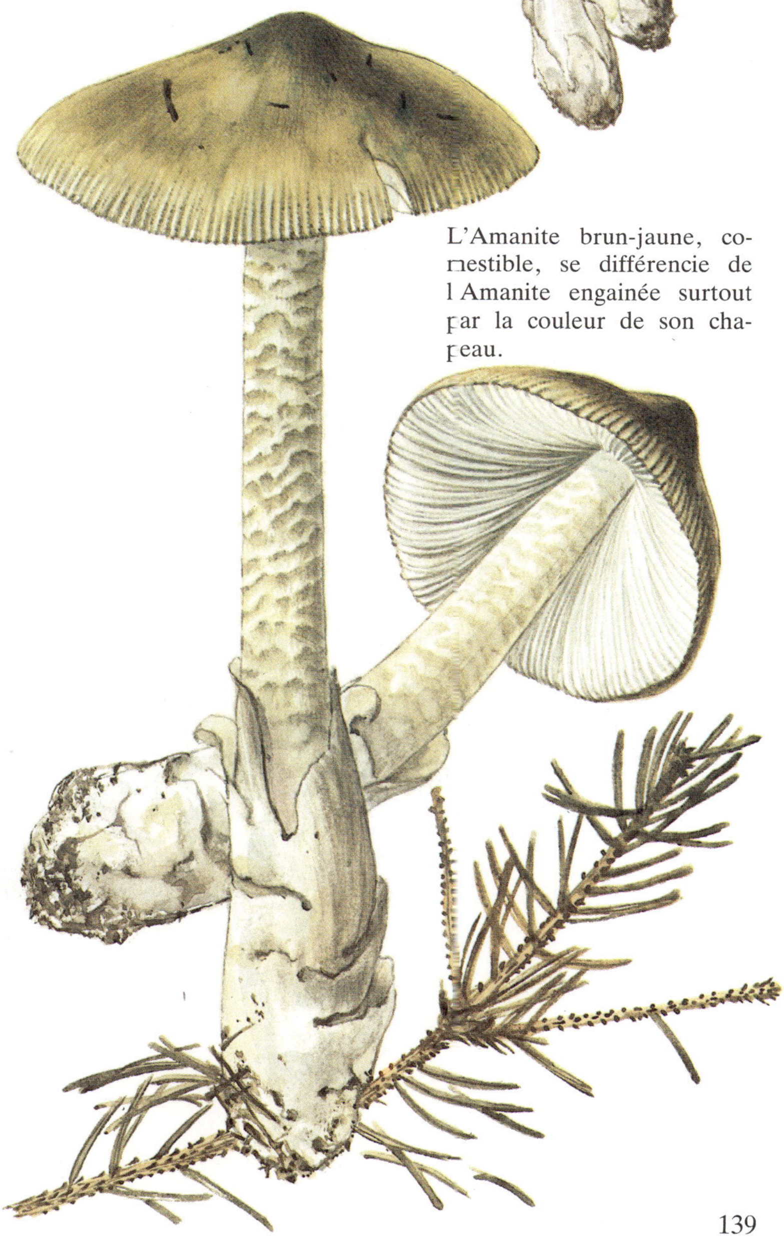

L'Amanite brun-jaune, comestible, se différencie de l'Amanite engainée surtout par la couleur de son chapeau.

Amanite brun-jaune

Le chapeau, de 5 à 12 cm, est d'abord ovoïde, entouré par une enveloppe blanche, étalé à plan avec l'âge, brun-rouille, nettement strié sur les bords, visqueux par temps humide, sinon brillant et lisse. Les lamelles sont serrées, larges, blanches et libres. Le pied, cylindrique, s'élargit progressivement à la base ; il sort d'une volve grisâtre, libre, à pointes, et ne présente pas d'anneau. La chair est blanche, aqueuse, très cassante, immuable, d'une agréable saveur douce et sans odeur particulière. L'Amanite brun-jaune pousse de juillet à octobre dans les bois d'épicéas de montagne. Cette espèce est comestible et savoureuse. Elle se différencie de l'Amanite engainée par son chapeau brun rouille.

Les Amanites engainées ont une sporée claire, la Volvaire gluante a des spores roses (à droite).

Tricholoma aestuans

Tricholomatacées

(Fr.) Gill.

Le chapeau, d'un diamètre de 2 à 8 cm, est d'abord sphérique avec une marge enroulée, plus tard étalé à plan jusqu'à légèrement déprimé avec un petit mamelon au centre et une marge modérément ondulée. La cuticule est ocre olivâtre clair, à longues fibrilles apprimées, lisse, finement squameuse autour du mamelon chez les sujets adultes, se teintant légèrement de brun, visqueuse par temps humide. Les lamelles sont moyennement serrées, uncinées, jaune foncé verdâtre quand elles sont jeunes, olive pâle à l'âge adulte, à marge grossièrement denticulée et se teintant de brun. Le pied est cylindrique, plein, court (mais plus long quand le champignon pousse dans de l'humus), élastique, fibrilleux à finement strié, olivâtre jeune, pâlissant avec l'âge. La chair est blanche, plus tard jaunâtre ; elle ne sent rien ou légèrement la farine et a une saveur amère au début, nettement poivrée au bout d'un moment. Ce champignon pousse isolément de septembre à novembre, surtout dans les bois de pins en terrain sablonneux, en même temps que le Tricholome équestre. Il ne vient pas en sol alcalin. Faiblement toxique, il provoque des troubles digestifs et des vomissements.

Coupe de *Tricholoma aestuans* (outre son goût amer, on le différencie du Tricholome équestre par la chair jaunâtre des vieux carpophores)

Tricholome équestre

Tricholoma equestre (L. : Fr.) Kumm

(Voir description page 113.) Le Tricholome équestre pousse surtout dans les forêts de pins à substrat sablonneux. Les carpophores apparaissent de septembre à novembre. Ce champignon, qui a une saveur remarquablement délicate et une chair ferme, trouve diverses utilisations en gastronomie. On le distingue avec certitude de *Tricholoma aestuans* en goûtant sa chair. La saveur amère qui, peu après, devient nettement brûlante, trahit *Tricholoma aestuans*.

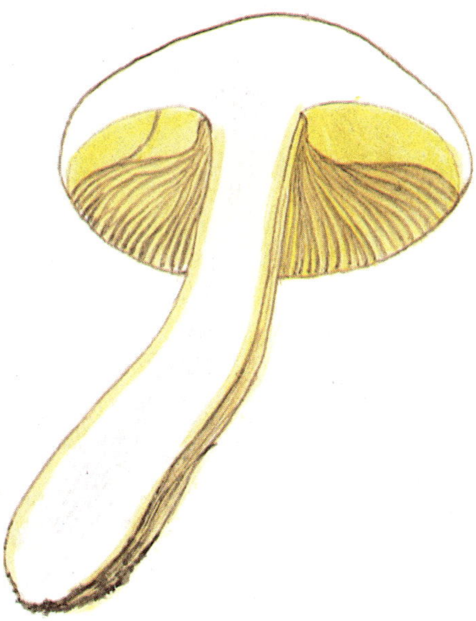

Coupe du Tricholome équestre

☠ Russule âcre (sardoine)

Russula chrysodacryon (R. sardonia) Sing.

D'un diamètre de 5 à 10 cm, le chapeau est d'abord hémisphérique, plus tard convexe à plan, également étalé avec l'âge et modérément déprimé, violet foncé, pourpre terne, grisâtre ou vert olive terne, souvent taché de jaune. La cuticule est mate et visqueuse chez les jeunes sujets. Les lamelles sont serrées, étroites, larmoyantes par temps humide, jaunâtres jeunes, jusqu'à couleur de beurre frais avec l'âge. Le pied est cylindrique, dur, plein, jaunâtre citron avec des nuances violet-pourpre, comme pruineux. La chair est ferme, jaunâtre citron, safranée aux endroits lésés et pourprée sous la cuticule ; elle a une odeur agréable de fruit mais une saveur d'une âcreté immédiate et insupportable. Cette Russule pousse de juillet à octobre, dans les forêts de conifères. Elle contient des substances résineuses en quantité considérable, qui irritent fortement le système digestif.

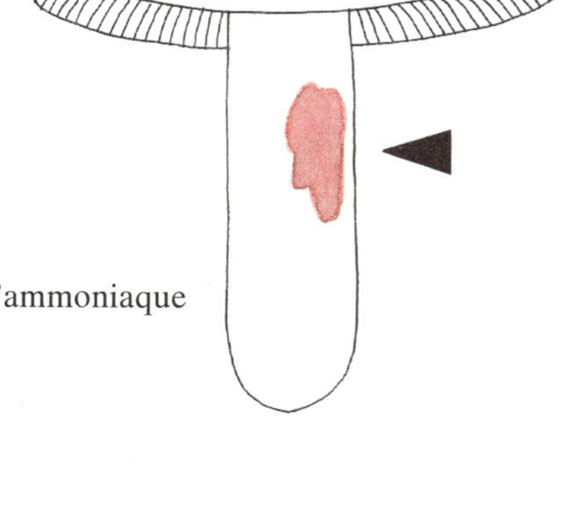

Réaction chimique à une solution d'ammoniaque chez la Russule âcre

Russulacées

Russule charbonnière

Russula cyanoxantha (Schaeff. : Schw.) Fr.

Russulacées

Russule verte

Russula heterophylla (Fr.) Fr.

Russule charbonnière
Le chapeau, de 6 à 15 cm, est d'abord presque sphérique, plus tard convexe hémisphérique, puis étalé à plan, légèrement déprimé au centre, visqueux par temps humide, vaguement violet, bleuâtre pourpré ou verdâtre pourpré, pâlissant souvent au centre. La cuticule n'est détachable que jusqu'au premier tiers du chapeau. Larges de 5 à 10 mm, les lamelles sont minces, moyennement serrées, blanc pur, lardacées, élastiques et non cassantes. Le pied est cylindrique, blanc, parfois légèrement bleuâtre, glabre. La chair est dure, ferme, élastique, humide, blanche, immuable, de saveur douce et sans odeur particulière. Cette espèce pousse de juin à octobre, dans les forêts de feuillus et de conifères. Elle compte parmi les Russules les plus savoureuses. On la différencie avec certitude de la Russule âcre par ses lamelles élastiques et la réaction négative de la chair à une solution ammoniacale (la Russule âcre vire aussitôt au rouge sous l'action de l'ammoniaque).

Russule charbonnière

Russule verte
Le chapeau, d'un diamètre de 6 à 12 cm, est hémisphérique quand il est jeune, plus tard convexe à plan, modérément déprimé au centre, vert-jaune, vert olive, parfois brun-noir au milieu, pâlissant. Les lamelles sont serrées, arquées, blanches, jaunâtres avec l'âge, virant au rouille. Le pied est court, cylindrique, effilé à la base, blanc, devenant rouille. La chair est blanche, immuable, de saveur excellente et sans odeur particulière. Ce champignon pousse de juillet à octobre, dans les forêts de feuillus. C'est un excellent comestible que l'on différencie aisément de la forme verte de la Russule âcre par son excellente saveur. La réaction à l'ammoniaque est négative.

Russule verte

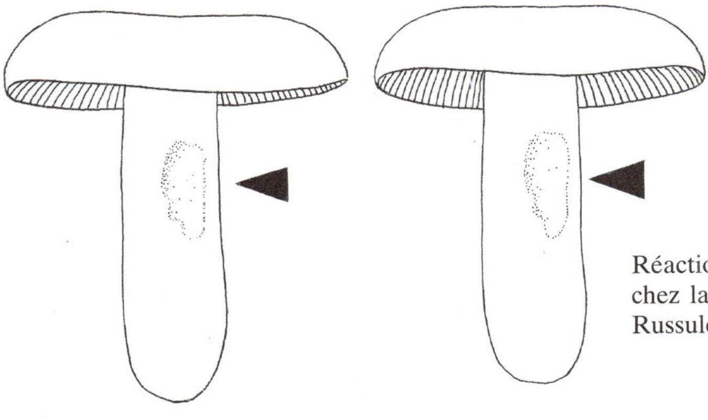

Réaction chimique à une solution d'ammoniaque chez la Russule charbonnière (à gauche) et chez la Russule verte (à droite)

Russule baie

Russula badia Quél.

Le chapeau, de 5 à 12 cm de diamètre, est hémisphérique jeune, vite plan, étalé à plan déprimé, rouge bleuâtre, brun-rouge ou brun-violet, jusqu'à noir ou jaunâtre au centre; la cuticule est détachable sur un tiers. Les lamelles sont serrées, ventrues, étroites, blanches au début, jaune clair plus tard avec parfois les arêtes rosées. Le pied est cylindrique ou en massue, blanc, avec une nuance de rose. La chair est blanche, elle vire au rouille avec l'âge et au toucher. L'odeur rappelle le bois de cèdre, la saveur, douce au début, devient âcre brûlante. Elle pousse de juillet à novembre, dans les forêts de conifères, surtout sous les pins. En raison de son âcreté qui persiste une demi-heure après l'avoir goûtée, cette Russule compte parmi les espèces non comestibles, légèrement toxiques.

Réaction négative chez la Russule baie

Russulacées

Russule feuille morte

Russula xerampelina (Schaeff. : Secr.) Fr.

Russulacées

Russule comestible

Russula vesca Fr.

Russule feuille morte
Le chapeau, large de 4 à 12 cm, est d'abord hémisphérique, plus tard convexe, plan à déprimé, de couleur très variable (rouge vineux, carmin, rose, olive jusqu'à brun), mat, pruineux jeune, avec une cuticule détachable jusqu'à la moitié. Les lamelles sont serrées, d'abord blanchâtres, plus tard ocre crème, virant au brun au toucher. Le pied est cylindrique, blanchâtre, souvent rougeâtre par endroits, virant au brun au toucher. La chair est crème et se teinte de brun aux endroits lésés; elle a une saveur légèrement douce et une odeur de crustacé, surtout chez les carpophores en cours de dessiccation. Cette Russule est fréquente de juillet à octobre, dans toutes les forêts. C'est un très bon comestible que l'on différencie de la Russule baie par son odeur de crustacé et la réaction verte de sa chair à une solution de sulfate de fer.

Russule comestible
De 5 à 8 cm de diamètre, le chapeau est presque sphérique jeune, plus tard convexe, puis étalé à plan, légèrement déprimé au centre, rouge terne à carné, souvent décoloré, parfois jaunâtre à blanchâtre. La cuticule est glabre, mate par temps sec. Les lamelles, de 7 à 9 mm de large, sont serrées, blanches, arrondies sur la marge du chapeau, plus basses sur le pied et un peu décurrentes, souvent tachées de rouille. Le pied est cylindrique, effilé à pointu à la base, légèrement rouille et très dur. La chair est blanche, dure, rouille aux endroits lésés, d'une saveur de noisette et sans odeur particulière. Elle pousse en été et en automne, dans les forêts claires de feuillus. C'est un champignon très savoureux que l'on peut très facilement distinguer de la Russule baie avec une goutte de solution de sulfate de fer. La chair de la Russule comestible vire alors à l'orange tandis que la réaction est négative chez la Russule baie.

Russule feuille morte

Russule comestible

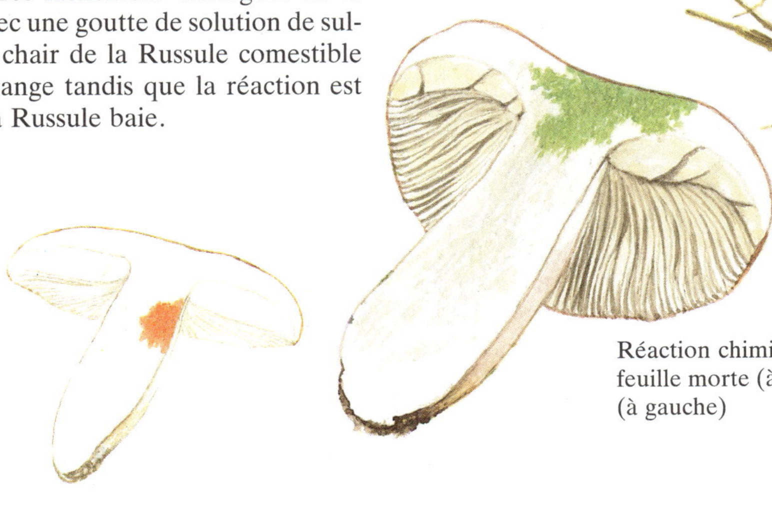

Réaction chimique au sulfate de fer chez la Russule feuille morte (à droite) et chez la Russule comestible (à gauche)

☠ Galère marginée var. *unicolor*

Cortinariacées

Galerina unicolor (Fr.) Sing.

Le chapeau, de 5 à 30 mm, est hémisphérique dans le jeune âge, plus tard conique ou campanulé avec un mamelon saillant, brun ocre clair par temps sec, brun-rouge à brun orangé par temps humide; sa marge présente de courtes stries. Les lamelles sont larges, ventrues, parfois jusqu'à triangulaires, adnées, ocre pâle chez les sujets jeunes, plus tard cannelle. Le pied est tubulaire, grêle, presque glabre, cannelle, plus foncé en bas et muni d'un anneau permanent dans son tiers supérieur. L'anneau est mince, écarté, souvent soulevé en forme d'entonnoir, ocre pâle. La chair est mince dans le chapeau, brun rouille clair, à saveur et odeur légères de farine. Cette variété pousse d'août à octobre, en petites touffes sur les troncs de conifères et rappelle fortement la Galère marginée (voir page 148) dont elle se différencie par sa taille plus petite, ses lamelles plus larges et le chapeau moins translucide au bord. Apparentée à la Galère marginée, elle contient vraisemblablement des toxines identiques et peut dont être aussi nocive pour l'homme que celle-ci.

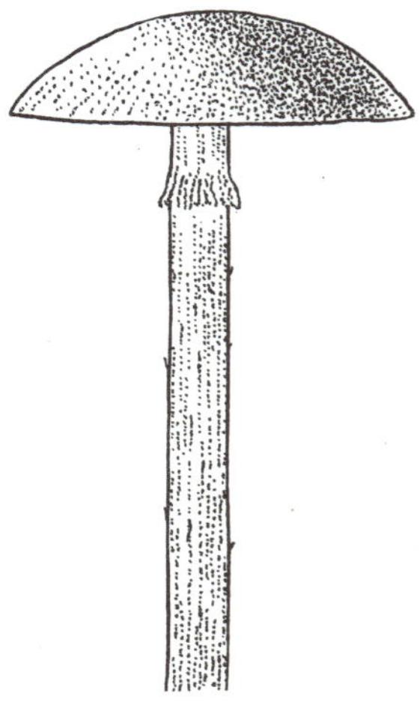

Galerina unicolor a un pied presque glabre.

Pholiote changeante

Kuehneromyces mutabilis (Schaeff. : Fr.) Sing. et Smith

(Voir description page 149.) La Pholiote changeante est une petite espèce qui accompagne le ramasseur de champignons du printemps à l'hiver. Elle pousse en touffes importantes, sur les souches et les racines mortes des arbres feuillus, la plupart du temps sur le bouleau et le tilleul. Avec le Lactaire délicieux, elle compte parmi les champignons à l'odeur la plus agréable et trouve de multiples utilisations en gastronomie. La plupart du temps, elle sert d'ingrédient dans les soupes. Pour cela, il convient de faire revenir dans la graisse les chapeaux coupés afin de libérer les principes aromatiques et, ensuite seulement, de les cuire dans la soupe. Lors du ramassage, il faut toujours prêter soigneusement attention au substrat du champignon pour ne pas le confondre avec les Galères. La Pholiote changeante pousse la plupart du temps sur les débris ligneux de feuillus et doit présenter un pied écailleux et une odeur et une saveur de fruit très agréables.

La Pholiote changeante a un pied squameux, une odeur et une saveur agréables.

☠ Galère marginée

Galerina marginata (Batsch : Fr.) Sing.

Cortinariacées

Le chapeau, de 1,5 à 5 cm de large, est rapidement campanulé, plus tard étalé, à marge striée, hygrophane, brun jaunâtre, brun ocracé par temps sec. La cuticule est assez visqueuse par temps humide. Les lamelles, de 4 à 6 mm de large, sont adnées, cannelle à rouille. Le pied, de 4 à 10 cm de long sur 5 à 7 mm de large, est cylindrique, tubulaire, légèrement courbé, avec un anneau en haut, fibrilleux, brun ocre, jusqu'à brun foncé à la base. L'anneau disparaît parfois, ne laissant qu'une bande étroite. La chair est mince, brunâtre, de saveur et d'odeur de farine acide. La Galère marginée pousse de juillet à octobre, sur les souches, les branches, les copeaux et l'écorce de conifères, isolément ou en petites touffes. Elle est assez rare. Elle contient les mêmes substances toxiques que l'Amanite phalloïde et compte donc parmi les espèces mortelles. Des confusions peuvent se produire lors de la cueillette de Pholiotes changeantes, qui poussent généralement sur les restes de feuillus, mais peuvent aussi venir sur des conifères.

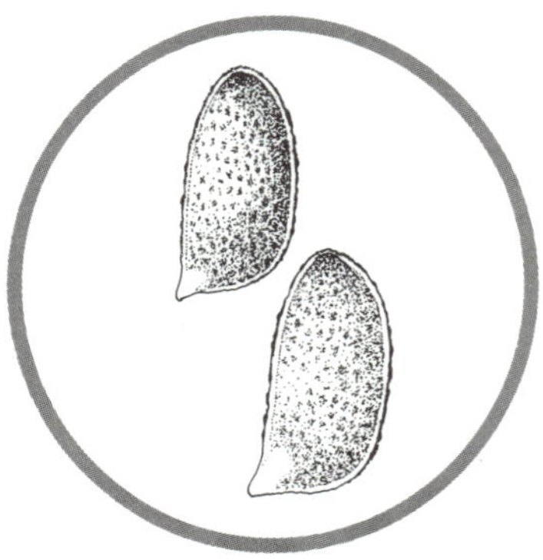

Spores de la Galère marginée qui pousse sur des conifères

Pholiote changeante

Kuehneromyces mutabilis (Schaeff. : Fr.) Sing. et Smith

D'un diamètre de 2 à 7 cm, le chapeau est au début campanulé, plus tard convexe bas et finalement étalé, avec un mamelon bas, lisse, très hygrophane (brun rouille foncé par temps humide, visqueux, plus clair et jusqu'à miel clair par temps sec). Cette espèce absorbe facilement l'eau et, par temps de pluie, on trouve des carpophores à chapeau bicolore – centre jaunâtre et marge plus foncée. En séchant, le chapeau pâlit, ce qui se produit toujours du sommet vers le bord. Jeunes, les lamelles sont couvertes d'une enveloppe membraneuse qui se transforme en anneau chez le champignon adulte. Au début, les lamelles sont ocre clair, plus tard cannelle à rouille, uncinées. Le pied, de 4 à 10 cm de long, est cylindrique, légèrement courbé, tubulaire, radicant, attaché aux sujets voisins, pâle en haut et jusqu'à brun-noir à la base. La chair est blanchâtre dans le chapeau, un peu brunâtre dans le pied, d'une odeur très agréable de champignon et de fruit, et d'une saveur de champignon. Cette pholiote pousse du début du printemps jusqu'en hiver, la plupart du temps sur des restes de feuillus (saule, tilleul...). Après la pluie, des touffes souvent importantes apparaissent sur les souches. Lors de la cueillette, il faut toujours s'assurer que cette espèce se trouve sur du bois de feuillu, afin de ne pas la confondre avec la Galère marginée. Autre caractère, moins sûr cependant, est l'odeur de la Pholiote changeante et son pied écailleux.

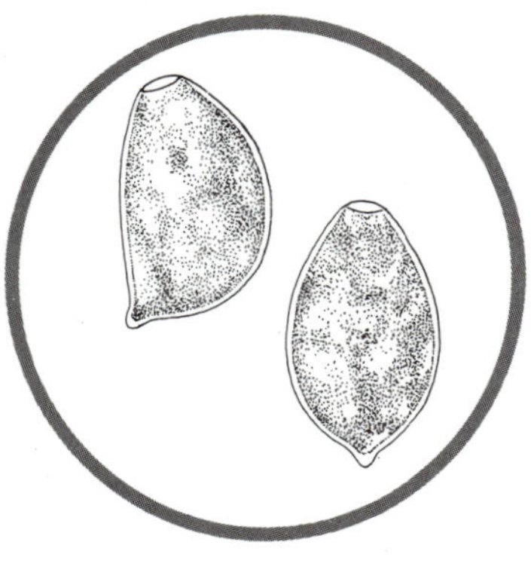

Spores de la Pholiote changeante que l'on identifie parce qu'elle vient la plupart du temps sur des restes de feuillus.

☠ Tricholome blanc

Tricholoma album (Schaeff. : Fr.) Kumm.

Le chapeau, de 4 à 12 cm de large, est presque hémisphérique dans sa jeunesse, vite convexe à étalé, souvent avec un mamelon arrondi et une marge longtemps enroulée, blanc ou légèrement teinté de jaunâtre ocracé ou de rose chair avec un centre brunâtre. La cuticule est lisse, vite sèche, brillante ; par temps sec, elle est à dominante claire, blanche. Les lamelles sont serrées, épaisses, émarginées, uncinées, fermes, jaunâtre crème avec l'âge. Le pied est blanchâtre, en haut finement furfuracé, cylindrique et habituellement courbe en bas. La chair est blanche, immuable et désagréablement amère et âcre. L'odeur désagréable de punaise se modifie avec l'âge en une odeur écœurante de gaz d'éclairage. Le Tricholome blanc pousse d'août à octobre, de la plaine à la montagne, dans les forêts de feuillus, surtout sous les bouleaux et les hêtres. Il vient, par exemple, souvent isolé dans les bois clairsemés à dominance de bouleaux, mais il est relativement rare dans les autres forêts mixtes. Cette espèce faiblement toxique provoque des troubles gastro-intestinaux.

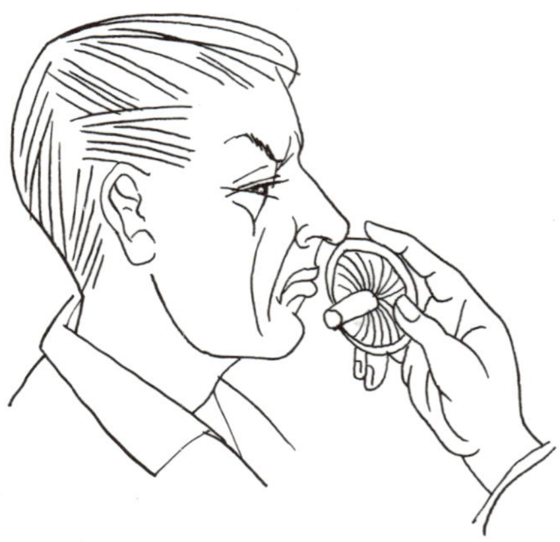

Le Tricholome blanc a une saveur brûlante et une odeur repoussante.

Tricholome colombette

Tricholoma columbetta (Fr.) Kumm.

D'un diamètre de 5 à 12 cm, le chapeau est convexe avec une marge enroulée quand il est jeune, plus tard étalé à marge flexueuse, blanc, brillant à soyeux et moucheté de rouge carmin. Les lamelles sont blanches au début, jaune crème avec l'âge, très larges, avec une arête qui n'est pas droite. Le pied est blanc, fibreux, épais, un peu tordu, parfois légèrement bleuâtre à la base qui, la plupart du temps, est envahie par le substrat. La chair est blanche, humide, immuable, d'odeur très agréable et d'une saveur délicate de champignon avec un léger goût de farine. Le Tricholome colombette pousse de la plaine à la montagne, d'août à octobre, dans les forêts mixtes claires, surtout sous les bouleaux. Il vient localement en troupes nombreuses sous les bouleaux, mais ailleurs, il est rare. Ce comestible très savoureux convient pour toute une série de préparations culinaires en raison de sa chair ferme, par exemple pour les salades, les veloutés ou pour farcir une pâte. Lorsqu'on le ramasse, il faut veiller à ne pas le confondre avec le Tricholome blanc qui pousse lui aussi sous les bouleaux, et il vaut toujours mieux goûter les carpophores. Une odeur repoussante et une âcreté désagréable trahissent le Tricholome blanc.

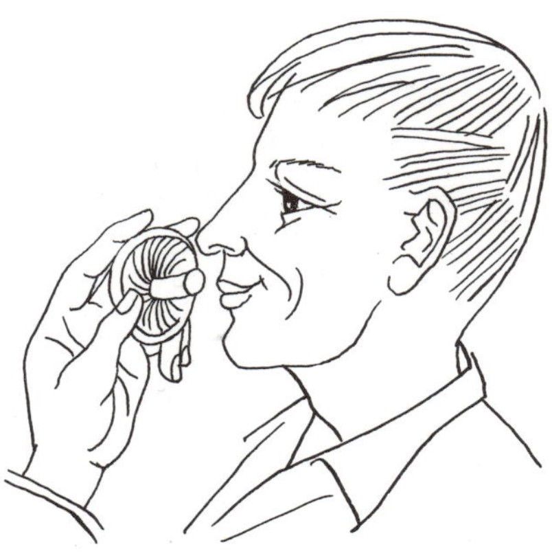

Le Tricholome colombette est savoureux
et d'une odeur agréable.

☠ Tricholome blanc et brun

Tricholoma albobrunneum (Pers. : Fr.) Kumm.

Le chapeau, d'un diamètre de 4 à 9 cm, est d'abord hémisphérique avec une marge enroulée, plus tard largement convexe, ondulé à flexueux. La cuticule présente de fines fibrilles apprimées, elle est visqueuse par temps humide, brillante par temps sec, brun-rouge, parfois striée sur la marge, finement furfuracée au centre. Les lamelles sont arrondies, uncinées, blanches, virant au brun au toucher et avec l'âge, parfois avec des taches rouille à l'âge adulte. Le pied est cylindrique, le haut est blanc, finement squameux et séparé de la partie inférieure brunâtre par un semblant d'anneau ; sur le pied, la limite de ce changement de couleur est souvent très nette et vraiment caractéristique du Tricholome blanc et brun. La chair est blanche, immuable et épaisse. Elle a une saveur de farine agréable au début, mais ensuite amère, et une odeur de farine acide. Cette espèce pousse dispersée, d'août à octobre, dans les forêts de conifères, surtout dans les pessières de basse montagne. Faiblement toxique, elle provoque des maux d'estomac et de l'entérite. Comme les Tricholomes bruns sont difficiles à déterminer, il vaut mieux éviter de les ramasser dans les forêts de conifères. Le Tricholome des peupliers, qui ressemble le plus au Tricholome blanc et brun, ne vient que sous des peupliers et non sous des conifères.

Le Tricholome blanc et brun présente une bande annulaire claire très nette à la partie supérieure du pied.

Tricholome des peupliers

Tricholoma populinum J. Lange

(Voir description page 133.) Le Tricholome des peupliers pousse d'août à octobre, de la plaine à la montagne, sous les peupliers dans les forêts, les bosquets, les jardins et les allées. Il vient plusieurs années de suite dans les mêmes lieux et, par endroits, on le trouve en très grande quantité. Il est très savoureux pour les préparations culinaires et, grâce à sa consistance, il convient parfaitement mariné dans le vinaigre. Il se différencie du Tricholome blanc et brun par la transition de son pied.

Tricholome des peupliers

Tricholome jaune et brun

Tricholoma fulvum (Bull. : Fr.) Sacc.
(T. flavobrunneum)

Le chapeau, d'un diamètre de 5 à 12 cm, est conique, large, avec une marge enroulée quand il est jeune, plus tard étalé à convexe avec un mamelon bas et arrondi, charnu au centre, très mince au bord, visqueux par temps humide, brun rouille, brun plus clair ou plus foncé, plus foncé au centre, finement floconneux-fibrilleux à presque glabre, à marge ridée radialement avec l'âge. Les lamelles sont très serrées, émarginées, uncinées, au début jaunâtre pâle, plus tard jaunes, rouille avec l'âge avec des arêtes tachées de rouille. Le pied, cylindrique, atteint 2 cm de large ; il est d'abord plein, creux adulte, jaunâtre avec des fibrilles longitudinales brunâtres, brun foncé à la base, poisseux. En général la chair est blanchâtre dans le chapeau, jaune dans le pied et rouille brunâtre à la base du pied. La teinte jaune est parfois foncée, parfois pâle et discrète, mais c'est à la surface du pied qu'elle est le plus intense. La chair présente une odeur de farine acidulée, mais peu marquée. Ce Tricholome pousse d'août à octobre, dans toutes les forêts et est fréquent surtout sous les bouleaux. Les carpophores apparaissent la plupart du temps en troupes dans l'herbe des clairières, au bord des chemins, en lisière de forêt et aussi en dehors de la forêt. Les opinions divergent quand à la comestibilité de ce champignon. En tout cas, le Tricholome jaune et brun a provoqué de nombreuses intoxications légères accompagnées de troubles gastro-intestinaux.

Coupe du Tricholome jaune et brun

Tricholomatacées

Tricholome des peupliers

Tricholoma populinum J. Lange

Tricholomatacées

Tricholome rutilant

Tricholomopsis rutilans (Schaeff. : Fr.) Sing.

Tricholome des peupliers
(Voir description page 133.) Ce champignon, comestible et savoureux, trouve de multiples utilisations en gastronomie. On le différencie du Tricholome jaune et brun par le fait que sa chair n'est pas jaune sous la surface du pied.

Tricholome rutilant
(Voir description page 123.) Le Tricholome rutilant pousse isolément et en touffes, en été et en automne, sur de vieilles souches et sur les racines dépérissantes et cachées de conifères. Les jeunes carpophores sont comestibles et savoureux. On différencie l'espèce en toute certitude du Tricholome jaune et brun par le velours pourpre qui recouvre les jeunes chapeaux et la teinte dorée des lamelles et de la chair. Les biotopes sont eux aussi différents : le Tricholome jaune et brun préfère les bouleaux, le rutilant vient, la plupart du temps, sous les pins.

Tricholome des peupliers

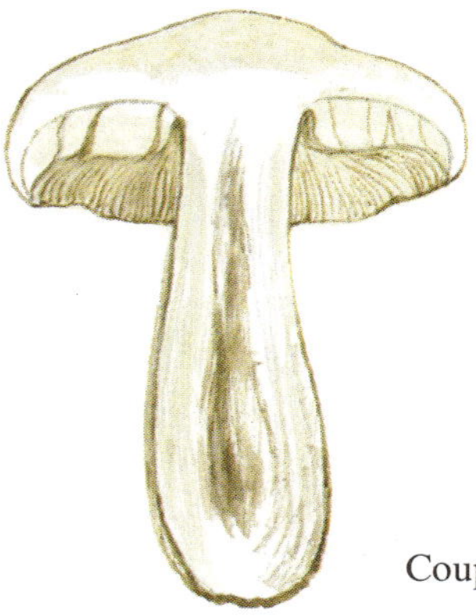

Coupe du Tricholome des peupliers

Tricholome rutilant

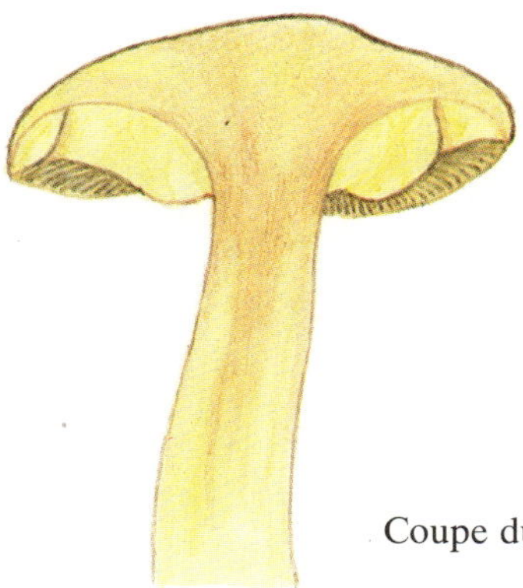

Coupe du Tricholome rutilant

☠ Clitocybe couleur de céruse

Tricholomatacées

Clitocybe cerussata (Fr.) Kumm.

Large de 5 à 9 cm, le chapeau est d'abord modérément convexe avec un mamelon obtus et plus tard étalé-plan à infundibuliforme. Il est lisse, blanc corsé, blanc pruineux, blanc sale à ocre isabelle avec l'âge, avec une cuticule déchirée en cercles concentriques. Il est d'abord légèrement enroulé, puis flexueux à lobé, avec une marge mince. Les lamelles ont de 3 à 5 mm de large ; elle sont serrées, minces, effilées aux deux extrémités, légèrement décurrentes, blanches puis blanc sale à crème clair. Le pied, de 2 à 5 cm de haut sur 3 à 10 mm de large, est cylindrique, un peu épaissi en bas et lisse, glabre, élastique, d'abord plein, puis farci. La chair blanche ne change pas de couleur à la cassure, elle est élastique quand elle est jeune, molle à l'âge adulte, d'une saveur douce et d'une odeur de trognon de chou. Ce champignon pousse en automne et au début de l'hiver, dans les endroits humides des forêts de conifères et de feuillus. Il vient en grand nombre, en bandes ou même en ronds de sorcières. Il est répandu dans toute la zone tempérée de l'hémisphère Nord. Etant donné sa haute teneur en muscarine, le Clitocybe couleur de céruse compte parmi les champignons toxiques, et ne doit pas être ramassé. Des confusions se produisent lors de la cueillette de Meuniers (Clitophiles petite prune) ou de Faux-mousserons. Les premières douleurs se manifestent environ une demi-heure après ingestion de plats contenant beaucoup de Clitocybes couleur de céruse. Le sujet ressent une indisposition et de l'angoisse, il se met à transpirer abondamment tout en frissonnant de froid. La salivation augmente, et le malade ressent de violents maux de ventre, une nette faiblesse musculaire ; il présente des troubles de la vue et une déshydratation. Cette intoxication nécessite un traitement médical.

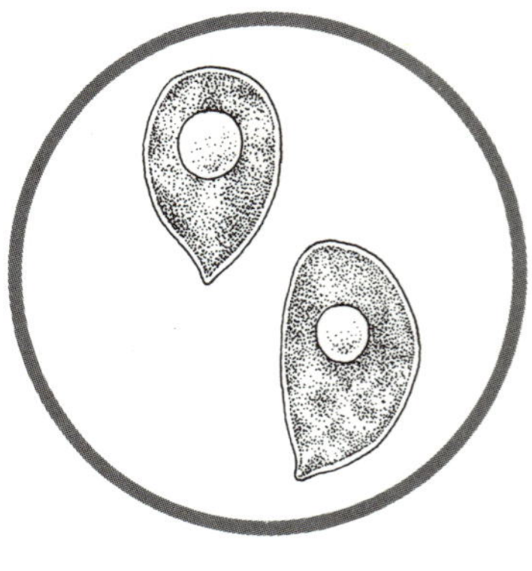

Le Clitocybe couleur de céruse a des spores ellipsoïdes, lisses et hyalines.

Clitopile petite prune ou Meunier

Clitopilus prunulus (Scop. : Fr.) Kumm.

Le chapeau, de 3 à 10 cm de diamètre, est d'abord hémisphérique, plus tard convexe à moyennement déprimé, un peu ondulé, avec une marge longtemps enroulée, couverte d'une pruine fine, blanc ou légèrement grisâtre, lisse, mat et sec. Les lamelles sont serrées, étroites, très décurrentes, blanchâtres jeunes, rose chair adultes. Le pied est court, cylindrique, parfois excentrique, plein, blanc, coriace. La chair est blanche, immuable, d'une saveur de farine acidulée et d'une odeur forte de farine. Le Meunier pousse de juin à octobre, dans tous les types de forêts, en lisière, dans les clairières et partout où l'on trouve des Cèpes de Bordeaux. C'est un bon comestible. On différencie cette espèce du Clitocybe couleur de céruse par ses lamelles très décurrentes, rose chair à l'âge adulte et aux spores nettement côtelées.

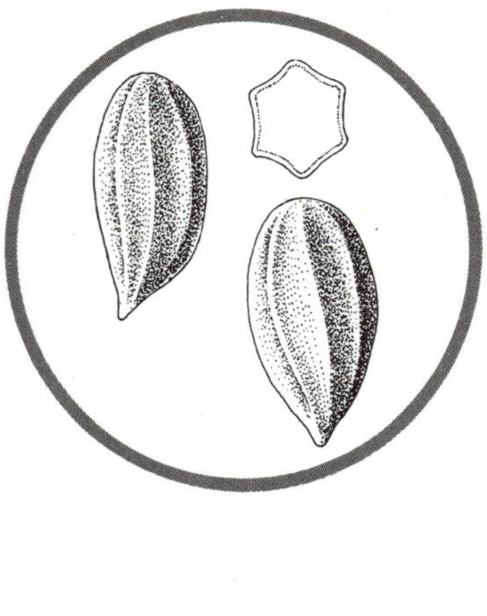

Le Meunier a des spores fusiformes, roses, avec six arêtes longitudinales.

☠ Bolet blanchâtre

Boletacées

Boletus albidus Roques

Le chapeau, d'un diamètre de 5 à 20 cm, est d'abord hémisphérique, plus tard convexe, pulviné à étalé plan, à marge longtemps enroulée, grisâtre, blanchâtre ou ocre-gris, finement pruineux, brillant soyeux et souvent doté de fossettes ; les endroits lésés virent au bleu-gris. Les tubes ont 15 à 30 mm de long, ils sont jaune pâle jeunes, plus tard jaune citron, jaune ocre avec l'âge, virant au bleu à la coupe. Ils sont émarginés. Les pores sont petits, jaune citron au début, plus tard ocre, brunâtre ocracé à l'âge adulte, virant au bleu au toucher. Le pied, en forme de tonneau quand il est jeune, est claviforme à cylindrique à l'âge adulte, avec une base radicante, en haut jaune clair avec un réseau remarquable, ailleurs ocre clair, parfois taché de rouge. La chair est jaunâtre, virant modérément au bleu, épaisse, d'une odeur désagréable de phénol et d'une saveur amère. Relativement rare, cette espèce pousse de juillet à octobre, dans les endroits chauds des forêts de feuillus, de bosquets et sous les chênes sur les digues des étangs. Elle est faiblement toxique et provoque des maux d'estomac chez les personnes sensibles. Heureusement, son amertume, qui ne disparaît même pas à la cuisson, dissuade de l'utiliser à des fins culinaires.

La chair du Bolet blanchâtre vire faiblement au bleu sur la surface de coupe du carpophore et sent fortement le phénol.

Bolet appendiculé

Boletus appendiculatus Schaeff. : Fr.

Le chapeau, de 7 à 20 cm, est d'abord hémisphérique avec marge enroulée, plus tard convexe, avec l'âge pulviné et à marge mince, un peu déformé à fibrilleux, brun-jaune jeune, plus tard plus foncé à brun-rouge, virant au brun rouille au toucher. Les tubes sont jaune pâle chez les jeunes sujets, plus tard jaune citron à jaune d'or, jaune-vert olive avec l'âge. Les pores sont d'abord ronds, jaune d'or, brun doré à l'âge adulte, virant légèrement au vert bleuâtre au toucher. Jeune, le pied est bulbeux, plus tard cylindrique avec une base étirée conique, jaune d'or, brunâtre ocracé en bas, orné d'un fin réseau jaune, qui disparaît avec l'âge, dans la moitié supérieure. La chair est jaune, un peu brunâtre à la base du pied, parfois nuancée de rougeâtre, virant légèrement au bleu à la coupe au-dessus des tubes, très ferme, se ramollissant plus tard, savoureuse, d'une douce saveur de champignon et d'odeur douce et discrète. Ce Bolet pousse de juillet à septembre, dans les forêts de feuillus chaudes, surtout sous les chênes et les hêtres. Il compte parmi les excellents champignons comestibles. La confusion avec le Bolet blanchâtre peut être évitée si l'on se souvient que le Bolet appendiculé n'a pas de chapeau grisâtre et n'est pas amer.

La chair du Bolet appendiculé est jaune (une très faible coloration bleue apparaît au-dessus des tubes), l'odeur et la saveur sont agréables.

☠ Tricholome à odeur de savon

Tricholomatacées

Tricholoma saponaceum (Fr.) Kumm.

Le chapeau, de 5 à 10 cm de large, est d'abord hémisphérique ou campanulé avec un mamelon central, plus tard plan, irrégulièrement flexueux, blanchâtre, grisâtre, verdâtre, olive ou rougeâtre à brun-rouge, lisse, glabre, brillant, visqueux par temps humide, craquelé par champs par temps sec. Les lamelles sont espacées, émarginées et uncinées, épaisses et blanchâtres (parfois avec des nuances verdâtres) ; les vieilles lamelles sont gris jaunâtre, virant par endroits au rouge, ondulées, à arête denticulée. Le pied est variable, cylindrique, droit ou courbé, irrégulier enflé, radicant à la base, lisse, finement fibrilleux, avec des squames brun-rouge ou couvert d'une pruine foncée, blanc, gris avec l'âge, virant au rouille. La chair est blanche ; elle vire peu à peu au rose aux endroits lésés ou à la cassure, au rouge à la base du pied. Sa saveur est désagréable et repoussante (elle rappelle l'alun), son odeur évoque le savon. Ce Tricholome est très fréquent de juillet à novembre, de la plaine à la montagne, dans toutes les forêts. Il vient en troupes nombreuses, dans les forêts de conifères. C'est un champignon modérément toxique, qui provoque des troubles digestifs accompagnés de vomissements et de diarrhée. On a également observé des symptômes indiquant la présence de substances à effet muscarien. Le Tricholome à odeur de savon est parfois confondu avec le Tricholome des peupliers, le Tricholome équestre ou le Tricholome prétentieux.

Coupe du carpophore du Tricholome à odeur de savon

Tricholomatacées

Tricholome des peupliers

Tricholoma populinum J. Lange

Tricholomatacées

Tricholome équestre

Tricholoma equestre (L. : Fr.) Kumm.

Tricholomatacées

Tricholome prétentieux

Tricholoma portentosum (Fr.) Quél.

Tricholome des peupliers
(Voir description page 133.)

Tricholome équestre
(Voir description page 113.)

Tricholome prétentieux
(Voir description page 109.)

Ces trois Tricholomes comestibles sont savoureux et trouvent de multiples utilisations en gastronomie. Ils ont une odeur agréable de farine (à la différence du Tricholome à odeur de savon) et ne virent ni au rose ni au rouge aux endroits lésés. Le Tricholome équestre et le Tricholome prétentieux ont une saveur de noix. Le Tricholome équestre se distingue en outre par ses lamelles d'un jaune soufre vif.

Tricholome des peupliers

Tricholome équestre

Tricholome prétentieux

Coupe du Tricholome équestre

Coupe du Tricholome prétentieux

☠ Amanite porphyre

Amanitacées

Amanita porphyria (Alb. et Schw. : Fr.) Secr.

Le chapeau, d'un diamètre de 4 à 8 cm, est d'abord hémisphérique, vite campanulé, plus tard convexe à plan, gris-violet à gris-brun, à marge non striée, peu charnu, la plupart du temps glabre, avec, par temps sec, quelques grands lambeaux gris-violet du voile général et une cuticule brillante et sèche. Les lamelles sont libres, serrées, blanches, parfois jaunâtres avec l'âge. Leur pied est légèrement fragile, cylindrique, svelte, blanchâtre avec des nuances violet-gris, farci quand il est jeune, fistuleux avec l'âge, avec un grand bulbe mou, gris-violet et nettement marginé en haut. Parfois, on trouve aussi autour de ce bulbe une volve adhérente, brun-violet, avec un bord bas comme découpé. Les lamelles sont d'abord recouvertes d'un voile membraneux, blanc à gris-violet, qui, avec l'âge, se transforme en un anneau pendant, strié, appliqué sur le pied et gris-violet. La chair est blanche, ferme, grisâtre sous la cuticule, immuable, d'une saveur de pomme de terre ou de rave et d'une odeur rappelant la pomme de terre crue. Cette Amanite pousse dispersée de juillet à octobre, dans les forêts de conifères en sol acide. On la trouve aussi, mais plus rarement, sous les chênes. Elle vient la plupart du temps dans des stations de basse montagne. En raison de sa teneur en bufoténine et en substances à noyau indolique, elle est considérée comme un champignon modérément toxique. Lors du ramassage, il peut se produire des confusions avec quelques amanites du genre *Amanitopsis*.

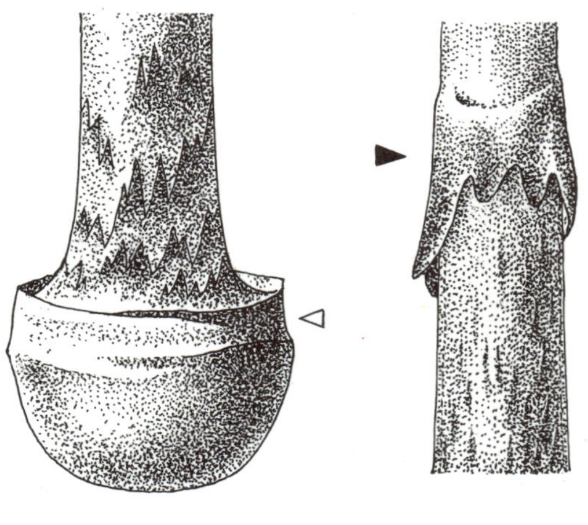

L'Amanite porphyre adulte présente un anneau sur le pied.

Amanite dorée

Amanita ceciliae (BK et Br.) Bas.

De 10 à 15 cm de diamètre, le chapeau est brunâtre terre de Sienne, parsemé de grandes plaques gris-brun, restes du voile général qui englobait auparavant le carpophore. Le chapeau est d'abord ovoïde et enveloppé d'une membrane grisâtre à blanchâtre, plus tard, arrondi à convexe. Les débris du voile forment sur la cuticule des sortes de croûtes, ce qui différencie l'Amanite dorée des espèces voisines. Les lamelles sont serrées, larges, blanches, libres. Long de 18 cm, le pied est blanchâtre, nettement éclaté en écailles, fragile, il s'élargit progressivement vers la base qui est engainée dans une volve à pointes, pâle extérieurement, terre de Sienne intérieurement. La chair est blanchâtre, aqueuse, très cassante, immuable, de saveur douce et sans odeur particulière. Cette Amanite rare pousse de juin à octobre dans les forêts de conifères. Elle est comestible, mais pas particulièrement savoureuse. On la différencie de l'Amanite porphyre par le fait qu'elle n'a pas d'anneau et que la base de son pied est, la plupart du temps, enveloppée d'une volve haute, libre et à pointes.

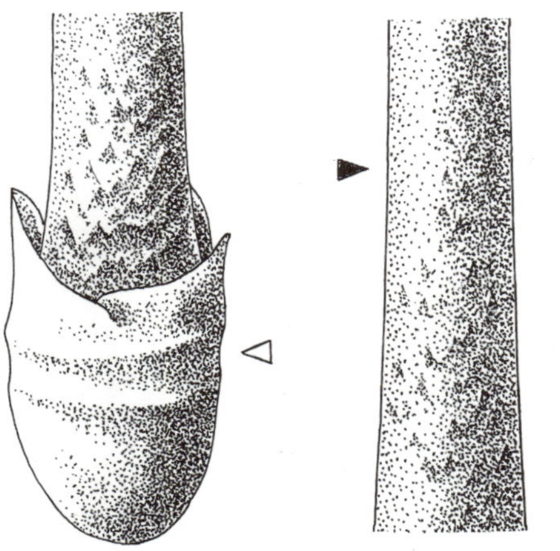

L'Amanite dorée a un pied bulbeux engainé à la base par une volve libre et haute.

☠ Amanite vireuse

Amanita virosa (Fr.) Bertillon

Large de 4 à 10 cm, le chapeau est longtemps conique, convexe à plan avec l'âge, la cuticule est visqueuse chez les jeunes sujets, vite sèche, lisse, brillante à soyeuse, blanche, parfois jaunâtre à légèrement brunâtre au centre du chapeau. Les lamelles sont d'abord couvertes d'un voile membraneux blanc qui avec l'âge se transforme en un anneau blanc, lisse, et pendant. Les lamelles sont serrées, d'un blanc pur persistant, libres, avec une arête finement fimbriée. Le pied est grossièrement squameux, droit, effilé en haut et élargi en bas ; il s'achève par un gros bulbe sphérique, mou, engainé dans une volve blanche, haute, libre, présentant des pointes nettes. La chair est blanc pur, mince dans le chapeau, immuable et savoureuse. Le parfum douceâtre de la chair rappelle, avec l'âge, l'odeur de pomme de terre crue. L'Amanite vireuse pousse isolément, de juillet à octobre, dans les forêts de conifères, dans les plaines plutôt sous les pins, en altitude sous les épicéas. Elle est totalement absente par endroits. Ce champignon est mortel ; tout comme l'Amanite phalloïde, il provoque des intoxications accompagnées de lésions du foie.

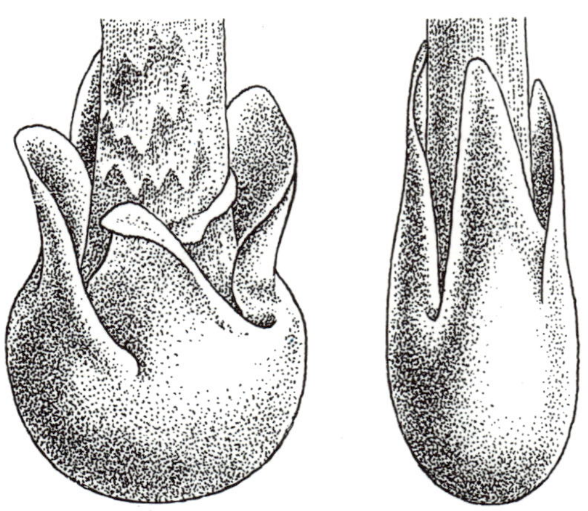

L'Amanite vireuse et l'Amanite vaginée var. *alba* ont une volve blanche, mais l'Amanite vireuse (à gauche) présente un pied squameux.

Amanitacées

Amanite vaginée var. *alba*

Amanita vaginata var. *alba* (Bull.) Gill

Agaricacées

Agaricus chionoderma Pilat

Amanite vaginée var. *alba*
Le carpophore est entièrement blanc ; il se différencie de l'Amanite vireuse par l'absence d'anneau chez les sujets adultes. De 4 à 10 cm de large, le chapeau est campanulé une fois le voile blanc déchiré, finalement étalé et large, plan, blanc, à marge striée, brillant par temps sec. Les lamelles sont arquées, serrées et blanches. Le pied est cylindrique, creux à l'âge adulte, blanc, engainé dans une volve membraneuse blanche. La chair est blanche, humide, de saveur et d'odeur agréables de champignon. Cette amanite pousse de juin à octobre, dans les forêts herbeuses, surtout sous les bouleaux. Elle est comestible, mais il vaut mieux éviter de la consommer en raison des confusions possibles avec des champignons mortels très ressemblants (Amanite phalloïde variété blanche, Amanite printanière, Amanite vireuse).

Agaricus chionoderma
Cet Agaric, relativement rare, rappelle beaucoup l'Agaric boule de neige, mais il est blanc pur dès le plus jeune âge, sans la moindre nuance de jaune. Son chapeau est couvert de grandes écailles blanches, apprimées, discrètes, qui disparaissent presque totalement avec l'âge lorsque le chapeau se dessèche. Les lamelles sont d'abord blanches, mais virent rapidement au rose vif. La chair ne se teinte pratiquement pas de jaune, cela ne se produit qu'à la base du pied et seulement au bout d'un très long moment. Il ne sent jamais l'anis, mais a plutôt une odeur agréable de champignon. Il pousse de mai à l'automne, dans les bosquets de feuillus ou dans les bois d'épicéas en sol calcaire.

Amanite vaginée var. *alba*

Agaricus chionoderma

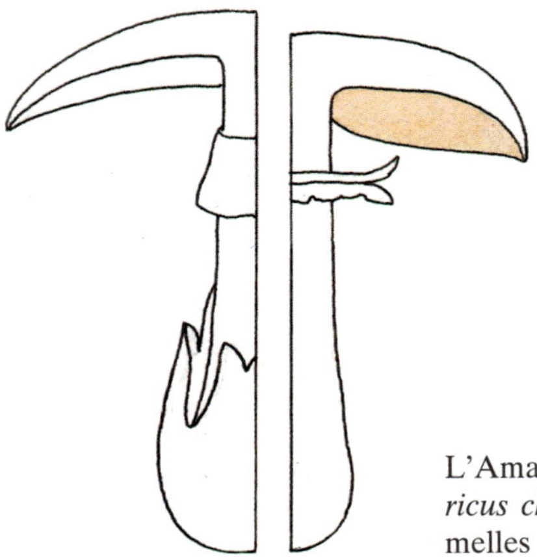

L'Amanite vireuse (à gauche) se différencie de *Agaricus chionoderma* (à droite) par la couleur des lamelles et par la volve.

☠ Collybie à feuillets larges

Megacollybia platyphylla (Pers. : Fr.) Kotl et Pouz.

Le chapeau, de 5 à 20 cm de large, est d'abord hémisphérique, plus tard convexe à plan, et enfin légèrement déprimé, gris cendré ou brun-gris, lisse, strié de fibrilles adhérentes rayonnantes, fendu radialement avec l'âge. Les lamelles sont blanches, espacées, ventrues, de 3 cm de large, brun jaunâtre avec l'âge, adnées-émarginées à presque libres. Le pied est cylindrique, strié longitudinalement, au début farci, plus tard creux, habituellement épaissi en massue à la base, blanchâtre, plus tard blême à brunâtre jaune, pruineux, devenant glabre, strié à l'âge adulte. De sa base partent de longs cordons mycéliens blancs, ramifiés, qui pénètrent dans le substrat en décomposition. La chair est blanche, aqueuse, de consistance ferme, fibreuse dans le pied, de saveur et d'odeur peu marquées. La Collybie à feuillets larges pousse de juin à octobre, sur les troncs et les souches en décomposition des conifères et des feuillus, ou dans le sol à proximité, sur les racines cachées dans la terre. Elle est répandue dans toute la zone tempérée de l'hémisphère Nord. Des troubles digestifs peuvent se produire après l'ingestion de ce champignon.

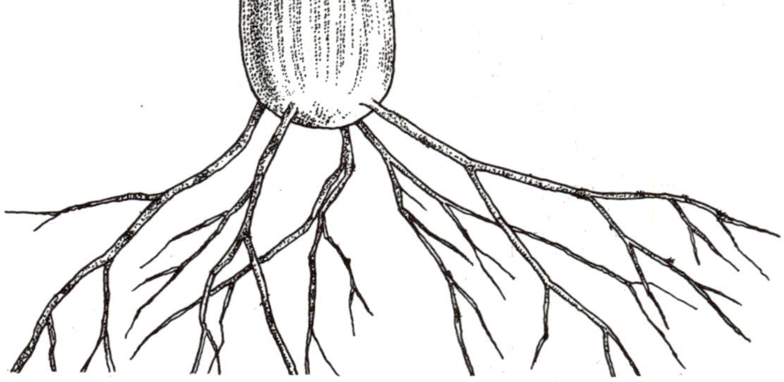

Sur le pied de la Collybie à feuillets larges poussent de longs filaments mycéliens.

Tricholomatacées

Collybie radicante

Oudemansiella radicata (Relh. : Fr.) Sing.

Volvariées

Plutée couleur de cerf

Pluteus cervinus (Schaeff. : Fr.) Kumm

Collybie radicante

Le chapeau a un diamètre de 4 à 8 cm ; il est brun-jaune à brun remarquablement visqueux et brillant, fortement poisseux surtout par temps humide, nettement ridé radialement, campanulé quand il est jeune, vite convexe à plan, avec un mamelon central, peu charnu ; la cuticule est totalement détachable. Les lamelles sont fort espacées, très larges, ventrues, écartées et blanchâtres. Le pied est cylindrique, svelte, coriace, glabre, longitudinalement strié, blanchâtre, brunâtre et plus épais à la base, profondément enfoncé dans le substrat où il pousse, radicant. La chair est blanche, immuable, sans odeur ni saveur particulières. Cette espèce pousse de juin à octobre, dans les forêts de feuillus. Elle est très savoureuse, mais on ne ramasse que les chapeaux. Ce champignon se distingue nettement de la Collybie à feuillets larges par sa cuticule et son pied très radicant.

Plutée couleur de cerf

Le chapeau atteint de 5 à 10 cm de large ; il est d'abord campanulé, plus tard redressé, enfin étalé-plan, gris ou bistre, brillant, fendillé par temps sec. Les lamelles sont très serrées, larges, écartées, blanchâtres jeunes, plus tard roses. Le pied est cylindrique, plein, fragile, blanchâtre, avec des stries longitudinales foncées. La chair est blanchâtre, aqueuse, immuable et cassante, avec une douce saveur de pomme de terre. Cette espèce pousse de mai à novembre, sur les souches et les troncs pourrissants de feuillus. Elle est comestible, mais peu savoureuse. Elle se différencie de la Collybie à feuillets larges par ses lamelles roses et serrées.

Collybie radicante

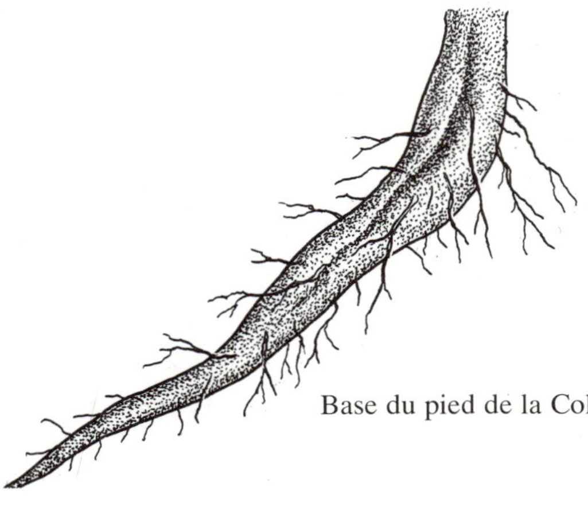

Base du pied de la Collybie radicante

Plutée couleur de cerf

☠ Tricholome roux

Tricholoma vaccinum (Pers. : Fr.) Kumm.

Le chapeau a un diamètre de 3 à 8 cm. Au début, il est sphérique à campanulé, plus tard étalé avec un mamelon bien net, peu charnu, entièrement couvert d'écailles fibrilleuses et retroussées. Ébouriffée, toujours routille, brun-roux ou rouge rouille, la marge reste longtemps enroulée. Les lamelles sont espacées, larges, émarginées, au début blanc sale, plus tard tachées de rougeâtre et de brun. Le pied est cylindrique, en bas un peu ventru, toujours creux, relativement court, brun-rouge, blanchâtre et floconneux sous le chapeau, ailleurs fibrilleux, squameux. Chez les jeunes spécimens, le bord du chapeau est relié au pied par une cortine qui disparaît très vite. La chair est blanchâtre, ensuite un peu rouille, immuable, avec une odeur d'humus et une saveur amère à désagréablement acide et amère. Ce Tricholome pousse de juillet à octobre dans les forêts de conifères, surtout dans les jeunes plantations d'épicéas. Il vient en troupes nombreuses en sol calcaire. C'est l'un des Tricholomes les plus courants. Il est impropre à la consommation, car il provoque des troubles digestifs accompagnés de diarrhée et de vomissements.

Coupe du carpophore du Tricholome roux

Tricholome imbriqué

Tricholoma imbricatum (Fr. : Fr.) Kumm

Le chapeau a un diamètre de 4 à 10 cm. D'abord légèrement conique, il devient ensuite étalé avec un mamelon bas ; il est peu charnu, brun-rouge à châtain clair, fibrilleux-lisse ou presque lisse quand il est jeune, plus tard légèrement couvert de fibrilles mais avec le sommet et le bord nus. Le bord est rentré chez les jeunes spécimens, puis droit. Les lamelles sont très serrées, hautes, d'abord blanchâtres, virant au brun aux endroits lésés, arrondies sur le pied ; leur arête n'est pas droite. Le pied est cylindrique, ferme, plein, blanchâtre en haut, ailleurs brun-rouge fibrilleux, sans cortine. La chair du chapeau est blanche, brunâtre dans le pied, sans odeur ni saveur caractéristiques, parfois légèrement amère. Ce Tricholome n'est pas très abondant ; il pousse d'août à octobre dans les forêts de conifères, surtout dans les jeunes peuplements de pins à sous-bois herbeux en sol sablonneux où il vient alors en troupes nombreuses. Il est comestible et convient particulièrement pour les plats composés. Il se différencie du Tricholome écailleux par son chapeau couvert de fines fibrilles, rentré (en non enroulé) uniquement lorsque le champignon est jeune et par son pied sans cortine. L'habitat est également différent. Le Tricholome écailleux préfère plutôt les jeunes sapinières humides.

Coupe du Tricholome imbriqué

Tricholome ruiné

Tricholomatacées

Tricholoma pessundatum (Fr.) Quél.

Le chapeau mesure de 6 à 12 cm de large ; il est d'abord presque hémisphérique, plus tard convexe à étalé-plan, souvent irrégulier flexueux, brun-roux à châtain, à marge plus claire, lisse, glabre, poisseux par temps humide. La marge est enroulée chez les jeunes sujets, droite avec l'âge. Les lamelles sont très serrées et larges, profondément émarginées à presque libres, blanches, plus tard brunâtre clair à rouille avec des taches rouge rouille. Le pied mesure de 4 à 7 cm de long sur 15 à 30 mm de large, il est trapu, souvent presque bulbeux chez les sujets jeunes, plus tard un peu étiré, cylindrique, souvent tordu et irrégulier, plein, forme, blanchâtre ou faiblement brunâtre, floconneux à poilu, plus tard glabre, à pruine farineuse en haut. La chair, compacte, fibreuse, blanche, vire légèrement au rouille rougeâtre. Elle a une odeur discrète de farine faîche et une forte saveur de farine légèrement acidulée, mais non amère. Relativement rare, le Tricholome ruiné pousse d'août à octobre, dans les bois d'épicéas et de pins, la plupart du temps isolément, mais parfois aussi en petits groupes. Ce champignon, modérément toxique, provoque des troubles persistants accompagnés de diarrhée et de vomissements.

Jeune carpophore du Tricholome ruiné

Tricholomatacées

Tricholome des peupliers

Tricholoma populinum J. Lange

Russulacées

Russule couleur de belette

Russula mustelina Fr.

Tricholome des peupliers

(Voir description page 133.) Le Tricholome des peupliers pousse d'août à octobre, de la plaine à la montagne, sous les peupliers dans les forêts, les bosquets, les jardins et les allées. On le différencie aisément du Tricholome ruiné par son biotope. Le Tricholome des peupliers ne pousse jamais dans les forêts de conifères.

Russule couleur de belette

Large de 5 à 15 cm, le chapeau est d'abord hémisphérique, plus tard mamelonné à plan, déprimé, brun noisette à châtain, mat, sec, avec une cuticule difficile à détacher. Les lamelles sont serrées, blanches, plus tard crème, maculées de brun sur l'arrête. Le pied est cylindrique, d'abord blanc et plein, taché de rouille et farci avec l'âge. La chair est blanche, brunâtre sous la cuticule, virant un peu au rouille au toucher et avec l'âge, sans odeur particulière et de saveur très agréable de noisette. Cette Russule pousse de juillet à octobre, dans les bois d'épicéas de basse montagne. Elle est abondante localement, mais totalement absente ailleurs. Sa saveur excellente et la consistance ferme de sa chair en font un champignon très recherché et convenant pour diverses préparations culinaires. On la différencie facilement du Tricholome ruiné par ses lamelles, qui ne sont pas émarginées-uncinées, et son pied qui ne perd pas de fibres de chair lorsqu'on l'érafle.

Tricholome des peupliers

Russule couleur de belette

Jeune carpophore du Tricholome des peupliers

☠ Psilocybe semilancéolé

Psilocybe semilanceata (Fr.) Quél.

Le chapeau, de 15 mm de haut et de 5 à 9 mm de large, est brun bistre, brun-jaune ou jaune verdâtre, toujours conique, avec un mamelon saillant au sommet, visqueux, glabre, finement strié, membraneux, à marge courbée vers le pied. Les lamelles sont gris olivâtre, brun-noir avec l'âge, moyennement serrées, saillantes, plus claires sur l'arête. Le pied est très long, ondulé à flexueux, incassable, mince, brun clair ou ocracé. La chair est très mince, cassante, ocre clair, d'une légère saveur de navet et sans odeur particulière. Rare, cette espèce pousse d'août à octobre, dans l'herbe des pâturages, des lisières, des chemins et en bordure de forêt, de la plaine à la montagne. Là où les conditions de croissance sont favorables, les carpophores viennent en troupes nombreuses. Ils poussent isolément et non en touffes. Ce champignon est modérément toxique. Il compte parmi les espèces hallucinogènes et son effet sur l'organisme humain n'est pas encore totalement éclairci. L'intoxication se présente de diverses façons. Un sujet sera euphorique, rira, aura des troubles visuels avec hallucinations, alors qu'un autre se sentira oppressé, angoissé, aura des visions d'horreur conduisant jusqu'au délire et à des tentatives de suicide.

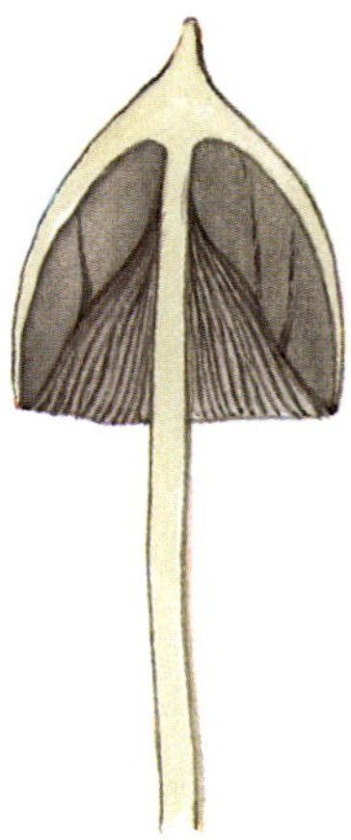

Coupe d'une partie du carpophore
du Psilocybe semilancéolé

Tricholomatacées

Marasme faux-mousseron

Marasmius oreades (Bolt. : Fr.) Fr.

Trichotomatacées

Mycène en casque

Mycena galericulata (Scop. Fr.) SF Gray

Faux-mousseron

(Voir description pages 73 et 129.) Le Faux-mousseron pousse de mai à octobre, dans des lieux herbeux, en bordure de champ et dans les jardins, de la plaine à la montagne. C'est un excellent comestible qui convient particulièrement pour les soupes. On n'utilise que les chapeaux. Il se différencie du Psilocybe semilancéolé par ses lamelles espacées, son pied élastique et l'odeur d'amande amère de sa chair.

Mycène en casque

Le chapeau des jeunes sujets est conique ou campanulé, plus tard convexe à étalé-plan. De 15 à 40 mm de large, il est blanc-gris ou brun bistre, plus foncé au centre, radialement ridé, peu charnu. Les lamelles sont espacées, uncinées, blanchâtres au début, roses avec l'âge. Le pied est cylindrique, mince, glabre, lisse, brillant, coriace, jaune grisâtre, plus clair en haut, souvent très radicant. La chair est aqueuse, grisâtre, immuable, d'odeur et de saveur rappelant la farine acidulée. Cette Mycène est fréquente de mai à novembre, sur les souches et les racines de feuillus. Elle vient isolément, mais plus souvent en touffes. Ce bon comestible trouve diverses utilisations en cuisine, mais on ne ramasse que les chapeaux. Il se différencie aisément du Psilocybe semilancéolé par son pied coriace et parce qu'il pousse sur du bois.

Faux-mousseron

Mycène en casque

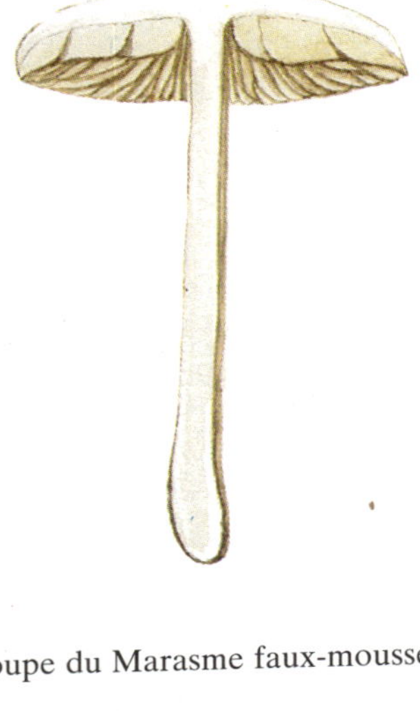

Coupe du Marasme faux-mousseron

☠ # Clitocybe des feuillus

Clitocybe phyllophila (Fr.) Kumm.

Le chapeau, d'un diamètre de 4 à 6 cm, est d'abord convexe-bas, plus tard étalé-plan, un peu déprimé, au début pruineux et blanc, puis glabre, brunâtre hygrophane par temps sec avec des lamelles que l'on aperçoit par transparence sur la marge. Ces lamelles sont serrées, étroites, légèrement décurrentes, d'abord blanches, teintées de jaune avec l'âge. Le pied est mince, élastique, habituellement comprimé, creux, tomenteux à la base, blanc à brunâtre hygrophane, blanc fibrilleux. La chair est mince, blanchâtre, d'une faible odeur de fruit et d'anis et d'une douce saveur de champignon. Le Clitocybe des feuillus pousse d'août à octobre, dans les forêts de feuillus, de conifères et mixtes, en groupes, et forme des cercles en tiers ou des bandes. Il est très fréquent dans les régions sèches et chaudes, en compagnie d'autres Clitocybes blancs. La classification systématique du Clitocybe des feuillus n'est pas encore totalement établie et les différentes espèces font toujours l'objet de recherches. Lors de l'étude de la croissance de cultures pures, il s'est avéré, par exemple, que le Clitocybe des conifères (*Clitocybe pythiophila* [Secr.] Gill.) était identique au Clitocybe des feuillus. Ce dernier compte parmi les Clitocybes blancs très toxiques avec une teneur en muscarine relativement élevée et peut provoquer les mêmes intoxications que le Clitocybe blanc d'ivoire ou le Clitocybe couleur de céruse (pour l'évolution de l'intoxication, voir page 156). L'intoxication est due, la plupart du temps, à une confusion avec le Clitopile petite prune. Comme il est difficile de différencier ces deux espèces à l'œil nu, il vaut mieux ne pas ramasser de champignons ressemblant aux Clitocybes de couleur claire.

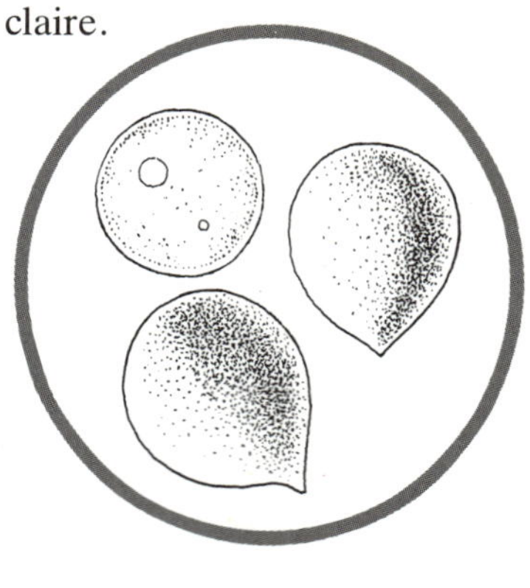

Le Clitocybe des feuillus a des spores lisses, hyalines et ovoïdes.

Clitopile petite prune ou Meunier

Clitopilus prunulus (Scop : Fr.) Kumm.

(Voir description page 157.) Le Meunier compte parmi les bons comestibles, mais il peut être confondu avec quelques Clitocybes clairs. Les Clitopiles et Clitocybes clairs peuvent présenter des lamelles de même teinte et avoir la même odeur. Seul un bon spécialiste reconnaît le Meunier à sa saveur de farine acidulée. On obtient une identification certaine par l'examen des spores : celles du Clitocybe des feuillus sont lisses, ovoïdes et hyalines, celles du Meunier sont roses, fusiformes et nettement pourvues de côtes longitudinales.

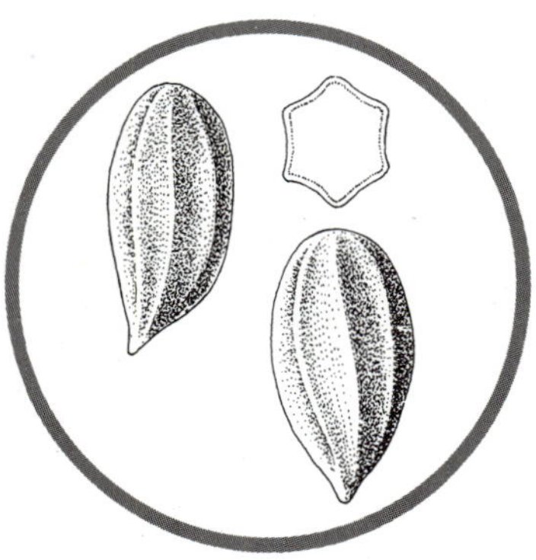

Le Meunier a des spores roses, fusiformes
avec des arêtes longitudinales.

☠ Clitocybe blanc d'ivoire

Tricholomatacées

Clitocybe dealbata (Sow. : Fr.) Kumm.

Le chapeau, de 2,5 à 4 cm de large, est d'abord convexe-bas avec une marge enroulée, étalé-plan avec l'âge et un peu déprimé, visqueux par temps humide, brillant à soyeux par temps sec, comme pruineux quand il est jeune, blanc à jaunâtre pâle ou grisâtre, fissuré avec l'âge. Les lamelles sont serrées, blanc sale, légèrement décurrentes ; elles descendent plus bas sur le pied avec l'âge. Le pied est cylindrique, court, mince, droit, arrondi ou comprimé, fibrilleux, plein, blanchâtre, grisâtre à rosé avec l'âge. La chair est mince, blanche, rose dans le pied, avec une odeur de bois frais et une saveur douce à nulle. Le Clitocybe blanc d'ivoire pousse d'août à octobre, dans l'herbe des prairies, les forêts claires, les pâturages, les chemins herbeux, les parcs, les jardins, les dépotoirs et aussi dans les zones steppiques sablonneuses des régions chaudes. Il est relativement peu fréquent et très rare dans de nombreuses régions. Il compte parmi les champignons très toxiques, en raison de sa forte teneur en muscarine. On connaît des empoisonnements mortels avec cette espèce parvenue sur la table à la suite de confusions avec le Meunier ou le Faux-mousseron. Le déroulement de l'intoxication est le même que pour le Clitocybe des feuillus (voir page 174). Le Clitocybe blanc d'ivoire contient cependant davantage de muscarine et il est donc plus dangereux.

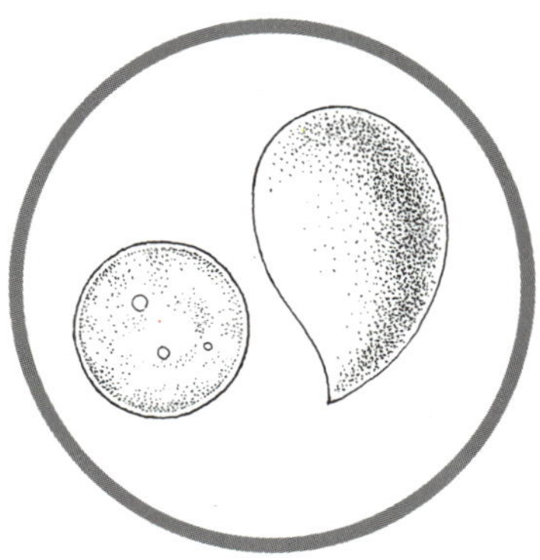

Le Clitocybe blanc d'ivoire a des spores ovoïdes, courtes, lisses, hyalines et de 4,5–6 × 2,5–5 μ.

Clitopile petite prune ou Meunier

Clitopilus prunulus (Scop : Fr.) Kumm.

(Voir description page 157.) Le Meunier pousse de la plaine à la montagne, partout où viennent des Cèpes de Bordeaux. En Allemagne, on l'appelle d'ailleurs parfois «annonciateur de Cèpe». D'après les dictons populaires et l'expérience des spécialistes, on trouve souvent un Cèpe de Bordeaux près de lui. Il est parfois très difficile de le différencier du Clitocybe blanc d'ivoire et cela demande une longue pratique. L'examen microscopique des spores est la méthode de détermination la plus fiable : les spores du Meunier sont roses, fusiformes et côtelées longitudinalement, celles du Clitocybe blanc d'ivoire sont ovoïdes, courtes, lisses et hyalines.

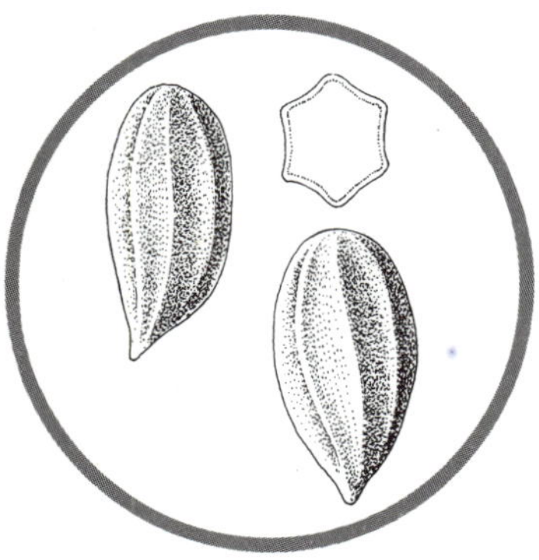

Le Meunier a des spores roses, fusiformes, avec six arêtes longitudinales.

☠ # Armillaire couleur de miel

Tricholomatacées

Armillaria mellea (Vahl : Fr.) Kumm.

Le chapeau mesure de 3 à 11 cm ; il est d'abord hémisphérique, plus tard convexe et mamelonné, avec l'âge étalé-plan, jaune miel clair, ocre jaunâtre, vert-jaune ou rouille à brun, avec des écailles plus foncées, au début retroussées et plus tard apprimées. Les lamelles sont moyennement serrées, minces, uncinées, blanchâtres au début, jaunâtres ou ocracées plus tard, avec des taches plus foncées ; avec l'âge, elles se couvrent d'une poussière blanche provenant des spores. Le pied est cylindrique, droit ou courbe, long, coriace, jaunâtre ou brunâtre, rayé de fines fibrilles à floconneux, farci. Les jeunes sujets présentent un voile cotonneux blanchâtre reliant le bord du chapeau au pied, dont il ne reste avec l'âge qu'un anneau cotonneux blanchâtre. La chair est blanchâtre, immuable, molle dans le chapeau, fibreuse dans le pied ; elle sent faiblement le champignon et a une saveur désagréable, astringente, âpre et amère. Elle est fréquente d'août à octobre, en touffes, sur les troncs vivants ou dépérissants des feuillus et des conifères, sur les souches, les racines et les jeunes arbustes issus de semis. L'Armillaire couleur de miel est comestible. Attention cependant, car, si elle est ingérée crue ou insuffisamment cuite, elle peut provoquer de légères intoxications avec maux d'estomac, vomissements et diarrhée.

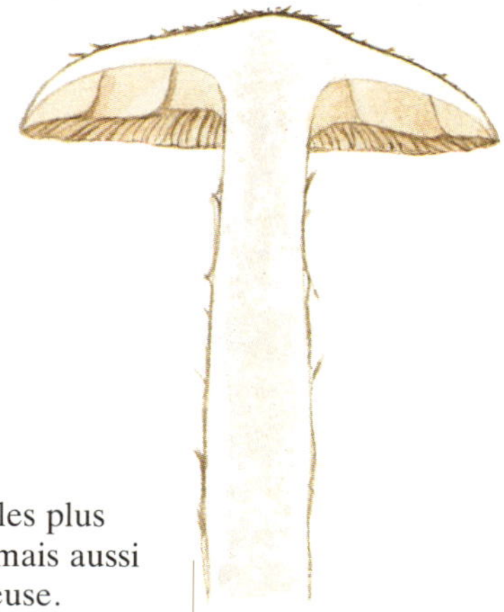

L'Armillaire couleur de miel a des lamelles plus claires, son pied et sa cuticule ne sont jamais aussi squameux que ceux de la Pholiote écailleuse.

Pholiote écailleuse

Pholiota squarrosa (Pers. : Fr.) Kumm.

D'un diamètre de 3 à 10 cm, le chapeau est d'abord hémisphérique à marge enroulée, plus tard étalé à plan, jaune citron à jaune ocre, couvert d'écailles rouille recourbées vers le haut, sec. Les lamelles sont très serrées, minces, légèrement émarginées et uncinées, jaune olivâtre, plus tard brun-jaune, brun rouille avec l'âge. Jeunes, elles sont couvertes d'un voile membraneux jaunâtre, écailleux, qui se transforme peu à peu en anneau jaune citron ou rouille. Le pied est cylindrique, coriace, sec, jaunâtre avec des écailles brunâtres. La chair est jaunâtre, rouille à la base du pied, inaltérable, de saveur âpre astringente et avec une faible odeur d'humus. Cette espèce pousse d'août à octobre, en touffes denses, à la base de conifères et de feuillus dépérissants. Elle préfère les bois de feuillus. On ne ramasse que les jeunes carpophores. La Pholiote écailleuse est considérée comme un comestible médiocre, mais une récente étude de ce champignon a décelé une substance hallucinogène. On la différencie aisément de l'Armillaire couleur de miel par ses écailles remarquables et la poussière foncée de ses spores.

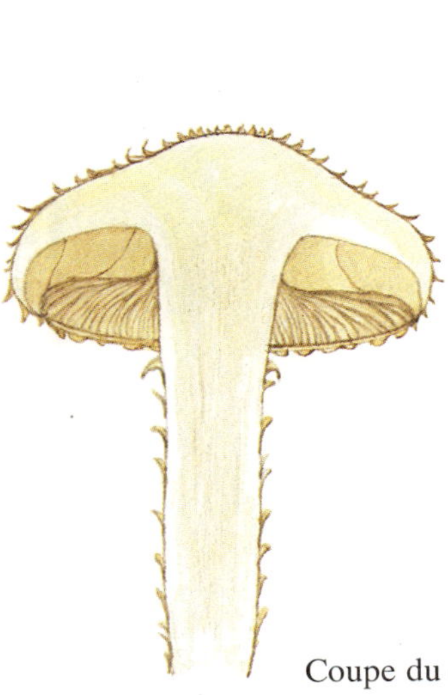

Coupe du carpophore de la Pholiote écailleuse

☠ Psilocybe de Maire

Psilocybe mairei Sing.

Le chapeau, d'un diamètre de 2 à 3 cm, est d'abord conique-large, plus tard plus fortement étalé avec un mamelon conique obtus, ocre terne, brun clair ou grisonnant avec des tons olivâtres, très hygrophane, par temps sec bistre clair; chez les sujets plus âgés ou comprimés, il présente des tons vert-bleu; il est glabre, humide ou un peu visqueux. La cuticule n'est pas détachable, la marge présente parfois des débris membraneux blancs du voile et laisse apparaître les lamelles par transparence. Ces lamelles sont gris sale à ocre, plutôt rouille après maturité des spores; elles sont larges, uncinées, arrondies, ventrues, et virent au bleu-vert aux endroits lésés. Le pied est fistuleux, la plupart du temps flexueux et sa base est habituellement reliée au substrat par un mycélium cotonneux; il est brunâtre à blanchâtre ou blanc sale aqueux, brillant à soyeux, se teintant de bleu-vert sale dans sa partie inférieure avec l'âge, finement pruineux dans le tiers supérieur. La chair du chapeau est très mince, jaunâtre, celle du pied bleu grisâtre pâle; elle a une saveur de navet et une faible odeur de farine. Ce champignon pousse d'octobre à décembre, sur des débris de bois sous les aulnes, les saules et les charmes, la plupart du temps à proximité des ruisseaux ou autres lieux humides. Il pousse aussi sur les restes de conifères ou sur du bois de menuiserie. Il vient en masse dans les dépressions de terrain fraîches, mais ailleurs il est rare. Cette espèce faiblement toxique contient de la psilocybine qui provoque des effets hallucinogènes. Le sujet atteint est oppressé et anxieux, il a des visions d'épouvante qui mènent au délire et à des tentatives de suicide.

Coupe du carpophore du Psilocybe de Maire

Strophariacées

Hypholome à lamelles enfumées

Hypholoma capnoides (Fr. : Fr.) Kumm.

Tricholomatacées

Marasme faux-mousseron

Marasmius oreades (Bolt. : Fr.) Fr.

Hypholome à lamelles enfumées
(Voir description page 79.) L'Hypholome à lamelles enfumées est fréquent à la fin de l'été et surtout en fin d'automne, de la plaine jusqu'en haute montagne. Il pousse en grandes touffes dans les forêts de conifères sur des souches ou des racines mortes. Ce bon comestible convient surtout pour la préparation de soupes et de sauces. On le différencie du Psilocybe de Maire par le fait que les carpophores âgés ou comprimés ne présentent pas de taches bleu-vert.

Faux-mousseron
(Voir description pages 33 et 73.) Il pousse de mai à octobre, dans l'herbe des forêts, les jardins et les lisières. Cet excellent comestible convient surtout pour les potages. On le différencie aisément du Psilocybe de Maire par son pied élastique et incassable, ses lamelles plus espacées, sa couleur (le Faux-mousseron n'est jamais maculé de bleu-vert) et par le fait qu'il ne vient jamais sur du bois.

Hypholome à lamelles enfumées

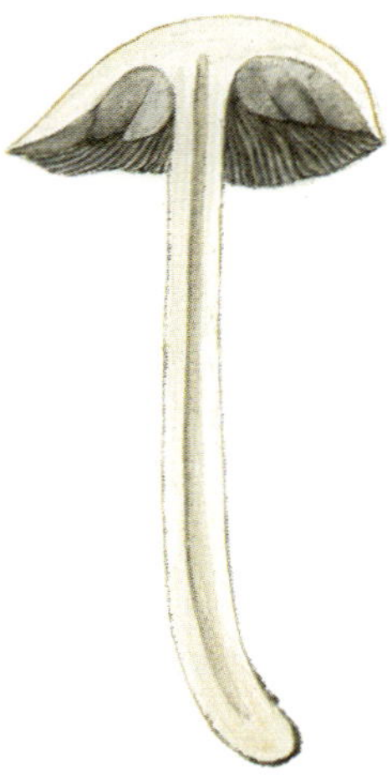

Coupe de l'Hypholome à lamelles enfumées

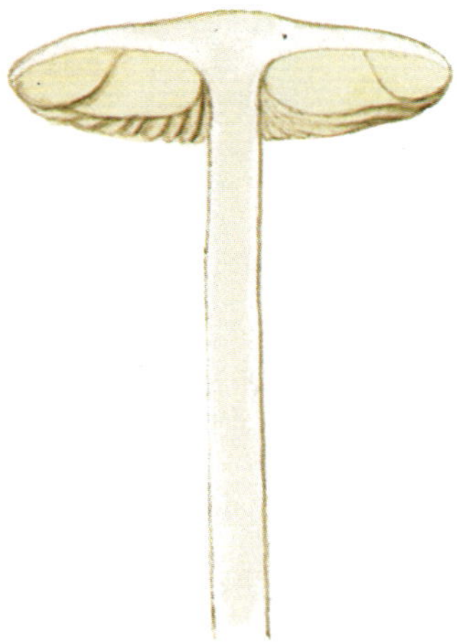

Coupe du Faux-mousseron

Faux-mousseron

Index des noms français

Index des noms latins